I0730828

LUGAR DE AGUAS

LUGAR DE AGUAS

Rebecca Bowman

FlowerSong Press

ISBN: 978-1-953447-79-1
Library of Congress Control Number: 2021944543

Published by FlowerSong Press
in the United States of America.
www.flowersongpress.com

Cover Image by Rebecca Bowman
Cover Art Design by Priscilla Celina Suarez
Set in Adobe Garamond Pro

A mi familia y a los que me han hecho sentir familia.

...There it was, all around him, funny and lonely — the world of his life. The strange, weed-infested, junky, wonderful, senseless yet beautiful world. ...

WILLIAM SAROYAN

The Human Comedy

Boxeo de sombra

Nací fuerte, lo sé. Yo que crecí con la bola de primos todos corriendo tras una sola pelota me acostumbré a los golpes, a los codazos, a abrirme campo, y ni modo, así es.

Pero Toño, pobre Toño, es un cero a la izquierda, se deja, de plano, se deja. Sus ojos líquidos perciben un mundo tenebroso y su boca achicada se retuerce con indecisión.

—Órale —le digo enojada a mi hermano y me le voy encima—. No te dejes, ¿no ves que aquél es más chico que tú?, ¿cómo que te quitó el lonche?

Pero alza los hombros y se va tranquilo, como si no le importase, aunque claro que le importa.

—Muchacho lento —le digo—, no te dejes, aprende.

Y le explico que, claro, en la escuela está prohibido pegar, pero ¿quién te ve si metes un codazo a la hora de que todos entran al salón? y ya con eso, con que lo hagas una o dos veces, ya te dejan en paz.

Tengo yo parada de boxeadora, con un pie para delante y otro para atrás por si me llegan a dar un golpe, no perder el equilibrio, aguantar. Así me pongo, estemos donde estemos, estoy lista para cualquier eventualidad. Y hasta me da gusto, la verdad, si intentan algo contra mí, pues es mejor mil veces una agresión abierta a aquellas risillas de hipócrita que a veces sueltan las niñas. Esas indirectas que son más difíciles de exponer, que dan más lata que todo. Prefiero la pelea abierta, la de campo, en donde cada quien agarra las greñas de la otra y suelta el rodillazo, pero a fin de cuentas, al terminar la pelea, está una ya desquitada, libre, limpia. Mi mejor amiga, Soledad, ella fue compañera de combate, la primera contra la que peleé, y la que ahora es todo para mí. Sole, la del pelo chino y los ojos rasgados, la que se ríe a cada rato, aún dentro del salón, en la cara de los profes, del de química con su mirada desdeñosa. Ella se ríe, y lo ve y se burla. Ella es mi cuate.

Por eso me desespera Toño, pues ¿a qué naciste si así vas a vivir? ¿Qué tanto ves antes de meterte? A correr, a correr. A sentir que tu cuerpo se mueve, que tus pulmones se llenan de aire, que la sangre galopea por tus sienes. ¿Qué tanto haces allá en la terraza, sin salir adonde están los demás? No te comprendo, Toño.

Desde la calle lo veo allá arriba y sigo mi camino a la esquina, a ese espacio asoleado en donde se juntan mis amigos. Platico con Carlos, con Carolina y Sole. Vemos pasar a Dulce con su bebé.

Pepe llega y me abraza, mete su mano en el bolsillo de mis jeans. Me da un beso estudiado, lento. Nuestros cuerpos mecen juntos un rato en un baile de agrado y siento que mis músculos se estiran, rico.

—Vamos a la casa —me dice, y me toma de la mano y lo sigo. Caminamos por la banqueta desigual, silenciosos los dos, a gusto. Suelta mi mano y luego con su dedo meñique captura el mío, y así me jala por la banqueta, tranquilo, despacio. Sé adónde vamos.

Es el principio del otoño y las hojas amarillas y verdes con el viento caen de los árboles y se van esparciendo lentamente. Y hay pequeños charcos aquí y allá de la lluvia de anoche. De lejos son cafés, de un agua sucia, pero de repente, por el ángulo en que los vemos se vuelven espejos plateados, reflejando el cielo. Pepe lleva una camisa de cuadros de franela, calentita y suave, y con mi mano libre le doy una palmada cariñosa. Su espalda larga y flaca, de músculo magro, de huesos sensibles. Lo quiero, lo quiero a este mi viejo.

En el cuartucho de Pepe hay un colchón en el piso y dos de esas cajas de plástico azul con las que se carga la leche. Una volteada, que sirve de mesa de noche, y la otra llena de la ropa de Pepe. Sobre la caja volteada Pepe tiene una lámpara para leer y unas revistas de motos.

Pronto estoy debajo de las sábanas suyas, que han de tener semanas de lavarse pero que huelen bien, al pelo de Pepe, a su piel, que tienen un olor un poco metálico, como la punta de un lápiz. Enredamos las piernas y le toco su pecho lampiño y luego el muslo, que tiene el vello justo para dar cosquillas. En su departamento hace algo de frio y el calor de su cuerpo me alegra. Pepe es alto y delgado, de huesos largos, los huesos de la cadera le sobresalen y me calan, pero de una manera rica. Su cuerpo me gusta y la languidez de su mirada me excita, pero no tenemos mucho de qué hablar. Él de sus asuntos no me habla, y convivimos como dos animalitos a quienes les gusta estar juntos. Somos cuerpos y espíritus afines, compañeros amenos pero sin un futuro, y así me gusta. No más pa pasar el rato, sin compromisos, sin siquiera celos. A veces lo veo con otra, y no me molesta. Ni lo poseo ni quiero poseerlo. Con que pueda yo meterme en sus sábanas, tocarle los huesos de la cadera, buscar un rato de placer.

Luego se levanta y veo alejarse sus nalgas delgadas. Regresa con una cerveza, que me alcanza.

—Solo tengo una —me dice.

Y yo, yo, me enderezo un poco, para poder tomar la cerveza. La boca lisa de la botella se acerca a mi boca como para darme otro beso, pero jalo las sábanas para arriba para taparme mejor. A mí mi cuerpo me gusta para usarlo, para caminar, correr y explorar, para tocar a otros cuerpos; no me gusta tanto para enseñar al otro. No, eso no. Yo no atraigo con mi cuerpo; atraigo yo con mi yo, con mi sonrisa pícara, con mi sentido de humor, con la manera en que hago que el otro se sienta a gusto. Con eso atraigo. Soy yo quien decide con quién me acuesto, con quién estoy. Le paso la botella a Pepe y él toma un trago. Me tapo un poco más.

Soy de cadera ancha, de cuerpo macizo y pompas cuadradas. Mi cuerpo se hizo para luchar, para trabajar. Para chambearle. Cuerpo de mujer cargadora de bultos, de cubetas de agua. Los brazos llenos, la pierna pesada, las patas anchas que se anclan en la tierra. Así piso la tierra yo, la tierra es mía, aun aquí, en donde los gringos se creen dueños de todo, yo con mi pie gano territorio. Avanzo y no hago retrocesos. Pero mi cuerpo no es para blusitas finas, para vestidos de coctel. Ni es para que otros me lo miren. Que eso no me lo pidan. Yo no poso. Posan para mí.

Y si no les gusto a las bolillas esas, pues ni modo, yo no las invité a que anduvieran aquí. Ellas no deciden, aun las que viven en las casas esas de la colina, las que parecen de pastel, ésas no me importan a mí. Yo aquí tengo mi vida, con Pepe, con Juan Carlos, con Jason John. Que ésas se vayan a la fregada.

Mi papá anda en México. Si me preguntan es todo lo que digo.

—Where's your dad?

—In Mexico —así les digo. No digo más, no les digo que no más por una borrachera, no más por una sola vez que se pasó de copas y que manejó y que lo cachó la policía, no más por eso no puede regresar para estar con nosotros. No les digo eso.

Ay mi papá. Mi buen papá, el del abrazo, el del cariño, el que nunca me ha hecho nada excepto quererme, y ahora no lo puedo ver. No más porque tomó una copa de más antes de irse para la casa, una copa más un viernes por la noche después de haber jalado quién sabe cuántas horas durante toda la semana, jalado fuerte, construyendo las casas de otros.

Lo sé, lo sé, que por eso se mata la gente, que manejar no debe. Lo sé, lo sé. Pero ahora no está él y nos hace falta.

Y yo, aunque sea boxeadora, aunque sepa pelear bien, no puedo boxear contra sombras, no puedo boxear cuando no hay contrincante, cuando el contrincante es una ley abstracta, ridícula, impersonal.

Esta noche habla Obama, y dirá si puede o no puede quedarse la gente, y estamos pendientes, sí lo estamos, pero no nos va a ayudar ni a mí ni a Toño porque dudosamente van a dejar que regrese mi papá.

Por nacer aquí a Toño y a mí no nos pasa nada. Seguiremos igual, pero Pepe también está al pendiente, por si le ayudan.

Por la noche mi papá se sentaba, allá atrás, en el jardín. Ponía una silla de las de la cocina, afuera, en el trocito de banqueta que hay al lado de la puerta de la cocina. Y allá se sentaba, él solito, pos no estaba él acostumbrado a la tele. Allá en su rancho no les llegó hasta después, y como a mi mamá le gustan las novelas, pues se la dejaba a ella. Que prefería ver las ramas de los árboles mecerse contra el cielo. Que prefería pensar en sus cosas.

¿Y ahora? ¿Veremos nosotros la misma luna? ¿Veremos el mismo cielo?

Sólo digo que this is some fucked up shit.

—Sean fuertes —nos dijo —, pórtense bien.

Nos abrazó a mí y a mi mamá. Y le dio un abrazo aun más recio a Toñito, que ya derrotado se quedaba con los brazos para abajo. Y mi papá se subió al camión que lo llevó a la frontera. Dijo que no regresaba a su pueblo, que ese pueblo ya está vacío, que ya no sabe ni si conoce a alguien en el pueblo aquel, con tantos años que se han pasado.

Él se fue. Yo me quedé aquí. Y aquí sigo, tirando golpes al aire, moviéndome, haciendo el golpe completo, con gracia y fuerza, tumbando al enemigo imaginario, triunfante.

Mi papá sabe dios dónde anda, si en Matamoros o en Reynosa. Creo que no nos quiere preocupar y es poco lo que nos dice. Le quiero mandar dinero, pero no sé cómo hacérselo llegar. Me lo imagino en la calle, en alguna esquina o pasillo, en cuclillas, con su chamarra acolchonada azul, con sus botas de trabajo, junto a otros como él, hombres obreros sin hogar, sin adónde ir, esperando trabajo, o ya sin esperanza, pensando desesperadamente cómo regresar.

Dicen que Reynosa, que Nuevo Laredo y Matamoros, que son peligrosos. Que ahí están los malos. ¿Sabrá mi papá pelear? Ahí al menos serán enemigos a quienes pueda uno dar el golpe. Hacer contacto con ellos. No se esfumarán tan fácil.

En la vida lo he visto enojado. A mi papá no. A lo mucho cuando algo le molestaba alzaba los hombres y salía a dar un paseo. O se iba en la troca a buscar a un amigo. Regresaba, quizá con unas copas demás. Pero nunca lo vi enojado.

Su olor a tabaco negro, a cerveza y a sudor, su buen olor a hombre hace falta en la casa. Veo a mi mamá por la noche, envuelta en su bata azul, caminar por la sala desamparada. Veo a Toño, que no sabe dónde ponerse, que se queda en la terraza mirando, mirando brincar los pájaros.

El boxeo de sombra es para perfeccionar la técnica, para agarrar fluidez. Es preparación para un combate verdadero, pero en algún momento tiene que salir ese contrincante, y si es autoridad, no deja de ser abstracta. ¿Contra qué mis golpes, contra quiénes?

De noche Toño se sienta en la sala y juega con su DS, la cabeza agachada. No menciona a mi papá. Es buen niño. Lo sé. No debo regañarle. Mi mamá llega del trabajo y nos calienta algo de cenar. Cenamos en silencio, con el cansancio ya encima.

Entre la recámara de Pepe y su cocina una sábana hace de cortina. Memo, el amigo de Pepe que le comparte el departamento está en el trabajo. Llegará a las siete, y para esas horas ya me habré ido. Pepe y Memo cruzaron al mismo tiempo, hará unos cuatro años, cuando apenas tenían diecisiete, y desde entonces no ven a sus familias. Pepe le manda dinero a su mamá cada mes, y no ahorra nada ni se da sus lujos. Es buen hijo.

Le he visto un retratito de su familia, que vive en Veracruz. La casa azul, la palmera ladeada, los papás como apenados al salir en la foto, la mamá escondiendo su rostro tras una mano regordeta, y tres o cuatro huercos corriendo atrás. Pepe tiene los mismos ojos que su padre, quien en la foto lleva un bigote casi coqueto, las botas muy boleadas, una camisa impecable, el sombrero de palma. Las cejas del padre se arquean más que las de Pepe, y la boca de Pepe es la de su mamá, de labios bien dados, como frutas para los míos, jugosos y maduros, apetecibles.

Pepe manda dinero cada mes. Sabe que ayuda. Yo quisiera hacer lo mismo, mandarle algo a mi papá.

Sobre la banqueta donde está en cuclillas mi padre están esparcidos unos papelitos, una cajetilla de cigarro, corcholatas, colillas, pedacitos de celofán. Hay también un charco, igual de sucio que los míos, pero que no refleja el cielo.

En el cuarto de Pepe hay un solo cartel, que es de una güera de pelo largo, de rodillas en la playa, con el mentón alzado y los pechos al aire.

Pepe se desliza por mi cuerpo. Apoya su barbilla en mi muslo, lo que me da cosquillas y lo empujo un poco para que ya no me las dé. Sus ojos lánguidos miran hacia la ventana, hacia los árboles con sus hojas brillantes. Estoy en un lugar en donde no se puede hacer más que gozar tantito, tomarse una cheve, tratar de no pensar en lo que duele. Que entienda mi mamá por qué no puedo estar quieta, por qué tengo que salir de la casa, por qué mi espíritu no puede caber ahí.

Que entienda.

Me levanto de la cama y rápido me pongo los chones, el pantalón, mi blusa. Giro y me pongo de puntillas, estiro los músculos, tiro un golpe, otro. Tendré que irme antes de que llegue Memo. No me gusta que me vea aquí. Suelto un golpe más, mirando a la güera.

Pero Toño, Toño no boxea, no mueve los brazos, ni siquiera los levanta. Yo siempre estoy haciendo mis fintas, moviéndome, bailando tantito, de puntillas, echando golpes al aire, pero Toño es más sabio. Él ya se rindió porque ¿contra una sombra cómo puedes pelear?

Lo posible

Sobre la mesa verde de la cocina mi abuela va limpiando frijol. Con su dedo índice reparte los frijolitos en dos pilas, apartando las piedritas y los frijoles engusanados de los buenos. Con suma paciencia hace su labor y a la vez canta con la radio puesta en Radiosol KSSJ, música nostálgica. La veo y me da gusto. Pronto la casa se llenará del buen olor a frijoles. Habrá un vapor que calienta la cocina y me envuelve. Pronto habrá algo qué comer.

Cuando vivía mi abuelo ella le hacía sopa de frijol. En un plato hondo le agregaba arroz y cuidadosamente y sin enfadarse acercaba la cuchara llena de caldo a la boca ávida de mi abuelo, aunque de ahí se le cayera ensuciando su mentón. Lo había envuelto en un trapo de cocina que también le servía de servilleta. El hambre de mi abuelo era insaciable pero mi abuela no le podía dar mucho porque tenía que poderlo levantar si se caía. Se sentaba y le daba de comer, ritual diario de constancia y cariño.

Pero ahora llego de la escuela y tengo que ver si se acordó mi abuela de ir a la tienda, si al regresar de la tienda se puso a cocinar. A veces hay sopa de fideo o picadillo hecho, tortillas en la mesa, pero no puedo contar con ello.

Ni a quién decir ni quiero que sepan. Total, yo me valgo por mí mismo. Soy lo suficientemente grande.

Las baldosas del patio resplandecen. San Judas Tadeo me mira. Santo de lo imposible, de las causas perdidas. Quisiera prenderle su vela pero no hay que gastar su luz.

En la escuela por la mañana nos dan jugo de naranja, un cartón cuadrado de leche, un bísquete y una salchicha. Aunque los otros refunfuñen me sabe todo a gloria. Algunas migas del bísquete quedan entre mis dientes y las vuelvo a saborear mientras decimos el Pledge.

Cuando mi abuelo vivía mi abuela sacaba el trapito con el que protegía la camisa de mi abuelo mientras le daba de comer y lo sacudía en el jardín. Las moronas se esparcían sobre el concreto y muy pronto llegaban los pájaros a recogerlas. Luego le prendía la radio y le buscaba el partido de futbol.

La casa de mi abuela es blanca, de concreto, acurrucada entre las otras casas de madera pintadas de color. Mientras en las otras casas los pisos chirrían cuando uno camina de un cuarto a otro, con nosotros con nuestro piso azulejado apenas se notan nuestros movimientos. Mi abuela en sus pantuflas hace plap plap plap sobre las baldosas y hay un susurro al cambiar de rumbo, un sonido de shhhhh, pero los pasos no chillan como con el piso de madera.

Y qué bueno porque así no la despierto cuando llego de la escuela ni ella me molesta cuando por el insomnio trasnocha. Vivimos tranquilos los dos. Estamos acostumbrados.

Sé aguantar. Eso me enseñaron. Mi abuelo aguantó seis, siete años de sentarse en aquella silla, de moverse apenas, y mi abuela, ni hablar. ¿Qué es un poco de hambre?

Las señoras de la cafetería son bien malas. No dejan que compartamos nada ni que llevemos lo que sobra. Si hablamos de más no nos dan el viernes cuando podemos sentarnos donde sea. Una me miró una vez y dijo, *don't gobble your food* y desde entonces me achiveo un poco a la hora de comer.

Allí van los paquetes de plástico llenos de comida perfectamente buena una vez más al basurero, pero ya no quiero que me digan nada.

En la recámara de mi abuela la colcha está extendida. Ella canturrea mientras sacude la cómoda. Canta una de las suyas, un bolero de los de antes. Escucho el susurro de sus pantuflas y luego el plap plap plap. En el aire se siente el vapor de los frijoles, que no tardarán en estar listos. Pronto habrá algo de comer.

San Judas Tadeo me sigue mirando. Es el santo de lo imposible, pero lo mío es posible, pues yo sé aguantar.

Retribución

Entro a la casa y voy a la cocina. Dejo caer mi bolsa, mis llaves sobre la mesa. La mesa llena de cuentas. Sobre tras sobre.

Ahí está Vero, mi hija que se pinta el pelo. Flaca, ella, de hueso delgado, de mirada penetrante, y boca chueca. Regreso de misa y me mira como si fuese una tonta. Para ella lo soy. Recostada sobre el sofá, voltea, me ve, y sus ojos vuelven a la pantalla de su celular.

Yo soy de rancho, y como los de rancho, me sé echar un animal sin pensarlo dos veces. Mi mamá agarraba las gallinas por el pescuezo y en un santiamén, con torcerle el cuello tantito, ya estaban muertas.

Piadosa fue, en la rapidez de la acción.

Así ojalá fuese la muerte conmigo.

Me gustaría caminar hacia la tienda de la esquina o estar regando el jardín y que me viniera la muerte de repente, sin saber siquiera que llegaba. Pero que fuera cuando todavía andaba en mis plenas facultades, cuando todavía estaba inocente y mi mundo era limpio. Debía haber sido antes, hace cuatro o cinco años.

Ahora sé que llegará. Escucho sus pasos. También vigilo.

Esa inocencia de creer que yo era alguien, que al cielo le importaba, que a mis hijos también, y la decepción que llega cuando sabes que no eres tanto para ellos como creíste, que para ellos hay mucho más.

Vero cree que soy una tonta. No soy tonta. No lo soy. En la misa rezo y rezo y así aguanto. Domino a mi espíritu, que quiere gritar.

La retribución. Es lo que deseo. Pero no la voy a buscar.

Juan Diego sale hoy. Sale y andará bajo el sol como cualquier otro. Él sí verá las nubes que nos espían desde el horizonte. Él sí caminará sobre la tierra.

Mi hijo no, Mi Gabriel no.

Juan Diego andará por estas cuadras. Con sus brazos hinchados de músculos, su espina dorsal recta, caminará lento, mirando a su alrededor con la vigilia que da haber estado encerrado.

¿Y su madre? ¿Mi comadre? A Belinda le dará gusto, pero qué tanto no sé. Aquí, afuera de la cárcel, Juan Diego está más a salvo, y a la vez no.

A veces coincidimos y nos evitamos los ojos. Ni tratar de insultarla ni tratar de ser su amiga. Y no niego que ella también perdió a un hijo. A la visión de un hijo.

No supe lo capaz que era yo de odiar. Es lo que sucede, andan los demás como libres, ingenuos, no saben que son capaces de todo. Ahora yo lo sé.

Se cuelan las cosas, se cuelan bajo las puertas, por las brechas en las ventanas, por los momentos inesperados cuando uno deja de vigilar. Se cuelan y te quitan todo.

La amargura no me deja. Me levanto y me duele el cuerpo. El agua ya no me sabe, ni el café.

Voy a mi recámara y miro la cama tendida con su colcha blanca, el ramo de novia seco colgado en la pared. Mi ropa huele a incienso. Me quito la blusa, me pongo una camiseta. Hay que empezar el quehacer.

Y lo hago. Lavo los trastes, recojo la basura en el traspatio, me muevo para no andar desamparada. Cada paso obligado, cada paso sin mayor sentido que el de no dejarme caer.

El cielo sigue igual de limpio. Al cielo no le importa.

Viene Tito a pedirme de comer, y le sirvo el desayuno. Hago lo que tengo que hacer, pero ahora reniego de todo. Lo necesario lo hago, pero no con amor. La cabecita suave de Tito se inclina sobre el cereal. Mira con cuidado el libro en sus piernas. Él está ya acostumbrado a mi indiferencia.

¿De qué sirve dar si luego no te lo reconocen?

Ese gallo que se cuela, que se mete en mi jardín para caminar jactanciosamente sobre el patio. Chico, el gallo, como lo es Juan Diego, chico pero bravo. Mientras más bajos, más bravos. Lo espanto con la escoba y huye tras la reja.

Santa no soy, nunca lo he sido.

¿Qué es la fe más que un impulso de seguir, un cegarse para poder aguantar?

En el traspatio está la pelota de futbol de Gabriel, ahí olvidada entre el barbecho. Relavada por el sol, sus costuras rotas. Debería recogerla, guardarla en algún sitio pero no tengo la energía suficiente.

¿Me quiso él? ¿De veras me quiso?

¿Lo quise yo? Ya no lo sé. A lo mejor quise una imagen de él que yo reservaba.

Sigo recogiendo las hojas del traspatio. Me duelen los pies al andar. Y al agacharme siento un mareo. Dicen que el cuerpo es sabio, que te ayuda a crecer, que te ayuda a dar vida, que luego te ayuda a morir. Te desprende de la vida lentamente, sin que tú siquiera te des cuenta. Y yo a mis años ya no sirvo para mucho. Antes debería darme gusto saber que sobreviví hasta ahora.

El cielo sigue igual de limpio, pero yo no, mi mundo no, mi hogar no. Nos vaciaron.

Con sangre se limpia la sangre, así nos dijo el sacerdote, que antes se sacrificaban a los animales para pagar la duda. Por eso es Jesús el cordero de Dios.

El gallo de pelea del vecino cacarea.

Veo el cielo despejado que parece pesar sobre nosotros. Que oprime a esta colonia, que siempre tiene algo de triste, de desamparada, aunque esté llena de olores sí, buenos, de frijoles, de pan dulce, y de los colores repentinamente alegres de quienes quieren combatir la tristeza.

Y los jóvenes que comoquiera resaltan con sus ganas de vivir. Mi

Gabriel, mi ángel, peloteando en el traspatio, entrando a la casa, un golpe de aire y vida. Sus codos sobre la mesa, su risa sorprendente. Sus ojos bellos, por dios, eran bellos.

Gabriel con sus rulos revoltosos, con sus cejas pobladas, con su manera de buscarme por la mañana para acurrucarse junto a mí.

Gabriel que luego se alejaba con los amigos, que luego me huía cuando lo trataba de abrazar.

En la misa se lava todo con la sangre de Jesús. Pero eso no basta. Que no me digan que basta.

Vero todavía está en piyama. Así son las de aquí, fachosas, dejadas, pero no tengo la fuerza para cambiarla. Debo de ser más enérgica.

Toda mi fuerza va para aplacar lo otro. Para dejar de odiar. Y sin embargo sigue ese odio, sigue y sigue.

Le he dicho al vecino que encierre a los gallos, que no los deje colarse por la cerca. Que no respondo.

Nunca he entendido el porqué, si fue por una muchacha, si fue por otra cosa. Fue Gabriel quien lo atacó, pero Juan Diego se esforzó demás.

Los rumores nos llegaron después.

En el rancho a los animales jotitos se los echan. Al gallo que no pisa se lo comen. No sirven esos gallos para nada.

Me dicen que debo reponerme, que tengo otros hijos.

Pero no soy santa. Santa no soy. Una paloma suelta su lamento, pero lamenta sin sentir.

Dicen que voy mucho a misa, que ando reza y reza. Que me he vuelto muy mocha.

No saben con qué fuerza aprieto las cuencas de mi rosario, con qué ganas trato de aplastarlas, para hallar una manera de deshacer mi coraje.

Otra vez ese gallo se ha colado por la brecha en la cerca y va avanzando hacia mí con su caminata burlona y bailarina. Inclina su cabeza a un lado y me mira con un ojo que me reta. Agarro el gallo del cuello. El peso de su cuerpo hace que vire, que gire alrededor. Es su propio peso lo que lo mata, no yo. Lo suelto y su cuerpo sorprendido corre tantito sobre la tierra antes de caer. No tardó ni un minuto en morir. No me costó ningún esfuerzo matarlo. Veo en mis manos la sangre que de su boca saltó y me da gusto, me da gusto.

Un poco de paz

Voy caminando por esta parte más plana de la ciudad, esta parte que nos dejaron, esta parte que se encharca a cada rato de manera que uno no puede caminar por la calle sin enlodarse los zapatos. Y voy caminando; no, vamos caminando Pepe y yo, yo adelante y él detrás, él siempre detrás, detenido, absorto en algo que desconozco; el reflejo del cielo en un charco o el vaivén de unas ramas en el viento o bien la colilla de un cigarro sobre la banqueta, pero absorto está y no avanza. Voy yo caminando sin saber adónde y sin embargo me desespera no llegar.

Faltan dos horas para que mi amá llegue de trabajar y mientras me encargo de Pepe. Aunque encargarme no es la palabra exacta pues poco puedo hacer por él. Ni me hace caso ni tengo manera de ayudarlo. Pero mi amá se pone ansiosa si Pepe se queda solo así que hay que andar con él.

Generalmente me sigue o al menos camina rumbo a mi dirección aunque se tarde. Eso siempre y cuando nada lo espante, pues en ese caso ni quién lo pare. Una vez se echó a correr y no lo pude alcanzar y lo encontró la policía cerca de Buda. Por eso mi amá me pide que lo cuide.

Pepe, mi tío Pepe, que tiene años con nosotros, desde que yo era chiquito. Mi tío Pepe que es el hermano menor de mi madre, que lo dejaron caer de niño. Que mi abuela quedó dormida con él en sus brazos y que zas se cae y que por eso quedó así. Pepe con los pantalones cortos aun en invierno y con la camiseta blanca huanga tan huanga que agarra con las manos y retuerce hasta que se hace un nudo. Mi tío enrolla las manos en lo que sobra de la camiseta, camina tras mí mirando una hoja en un charco. Y yo con mis trece años queriendo que me pelen las muchachas, pero ni modo. No hay nada llamativo en que te siga un hombre aniñado.

Pero él es mi sombra. Es mi deber. Vamos a las canchas de básquet que quedan a dos cuadras de mi casa y saludo a Lalo que acaba de prender un cigarro e inhala el humo con gusto. Rasca la barbilla y me inclina la cabeza. A mi amá no le gusta Lalo pero a mí sí. Es buen muchacho y buen amigo. Sabe justamente cómo tratar a Pepe. Ni le hace mucho caso ni lo ignora. Le da su espacio. Si Pepe se le acerca, que a veces hace, lo saluda y espera, pendiente de lo que quiere mi tío, pero si Pepe no lo pela y se pone a escarbar la tierra o a dar giros esto no le molesta en absoluto. Te digo que es buen amigo.

Lalo me pasa un cigarro y me presta fuego. Nos sentamos en la orilla de la banqueta y miramos los carros pasar. Por esta parte del parque pasan todos que van hacia el centro de manera que vemos coches de todo tipo. Los Mustang son mis favoritos pero a Lalo le gustan los Camaro. Hay un Camaro color plata que le llama la atención y que pasa seguido por ahí. Nomás pasa y a Lalo le sale un chiflido suave y alargado. Entre asombro y desesperación. Tanto le gusta ese carro. Tiene rines especiales y en la antena una colita de tigre. Y lo maneja un güero que ha de tener a lo mucho veinte años. Ese chiflido de Lalo, suave y airoso, es lo que más me gusta de él. Que no esconda sus anhelos.

Yo sí los escondo, o al menos escondo el más grande. Aun frente a ella no me atrevo a hablar. Conchita es flaca y baja y no parece gran cosa hasta que le ves morder su labio inferior con esos dientes blancos y afilados, hasta que notas su manita chiquita de dedos finos pasar por su pelo oscuro y ondulado, hasta que te acercas lo suficiente para percibir su olor a zacate y hierbabuena. Entonces no hay cosa más grande en este mundo que el anhelo de conocerla más. Y yo que la he observado año tras año ya no tengo remedio. Aunque traigo de sombra a Pepe y aunque no me atrevo a hablarle, ahí la voy rondando como gato sin hogar.

Dicen que las dos horas más peligrosas para los adolescentes son las horas entre la salida del colegio y la hora en que los padres llegan de trabajar. Que en esas dos horas hay más arrestos y accidentes, asesinatos y concepciones. Y eso me consta. Pues a mi primo Felipe lo agarraron a las cuatro y media y a Chela la mataron justo a las cinco. Pero este tío mío me da lata y a la vez me salva. No se puede mucho con él detrás de uno. No puedo yo ni entrar al minimercado puesto que le da a Pepe por tumbar las botellas o abrir los paquetes de Cheetos. Y ni modo de andar de novio con mi tío detrás aleteando.

Por eso no me tocó lo que a Benítez chico, que ya lo tienen fichado, ni lo que a Lalo le pasó, que por andar con la vecina ahora le quitan un cacho de su sueldo y los domingos anda con su bebé. Un Camaro nunca va a tener.

Faltan quince para las cinco y ya hay que ir rumbo a casa. Mi amá llegará y nos hará de cenar. Luego le pondrá el cassette de los Tortuga Ninja a mi tío y mientras él lo ve ella y yo tendremos un poco de paz.

Marco Rodríguez, Superhéroe

Entre la cama y la pared encontré los dos monitos con que juegan mis hermanos. Unos que les trajo de Piedras Negras mi papá la última vez que fue a su casa. Los andaban buscando los dos y no los hallaban y ya me tenían harto pues yo reconcentrado en mi DS nada quería saber de ellos, así que les corrí del cuarto que compartimos, pero luego como que me dio cosa y les busqué los juguetes.

Pero antes que les pueda llamar para entregárselas llega mi mamá con una carta en la mano y me pregunta que qué quiere decir esta frase. Le tomo la hoja y la leo.

Así me he enterado de muchas cosas que quizás no debería de saber, por ejemplo, una vez que no habían pagado la cuenta del agua y que nos la iban a cortar. Eso me acuerdo, cuando tenía nueve años, que se lo tuve que explicar, y zas que se enoja mi mamá y zas que mi papá se ve, así, culpable, y empiezan a hablar entre sí con la puerta cerrada, pero comoquiera se escucha, así de delgadas son estas paredes.

Así me la paso, les explico, le hago, les digo, le muevo, y así soy, el que aporta, con el inglés que aprendí, para que todo funcione bien.

Y así yo supe cuando a Luis le dolía la cabeza y que había que ir al médico y mi mamá me asió el hombro y me jaló para adentro para que escuchara lo que dijera la enfermera que le explicó que no era algo sencillo, que no era que no más se ajaquecó, sino que era seña de algo más.

Y héroe entonces fue Luis porque mucho aguantó y ni lloraba y pudo con todo, con las radiografías y con los piquetes y con la cirugía y el quedarse en cama durante meses y luego volver a aprender a caminar. a comer con un tenedor, hasta que ya estaba bien de nuevo.

Pero esta vez sólo se trata de decirnos que cambió la tasa para una tarjeta de crédito que ni siquiera tenemos así que no hay pedo.

Esos dos monitos tienen las manos alzadas, en puño. Están listos para luchar, uno contra el otro, y uno tiene máscara de luchador de la lucha libre y el otro tiene puesto una gorra tipo Batman, pero no es Batman, no el verdadero, el de los Marvel Comics, sino que es un Batman de mentiras, un Batman fingido que pintó algún mexicano para vendérselo a mi papá en el cruce. Los hizo uno de esos hombres que se lo ingenian todo no más para sobrevivir y que son más listos que los más listos de aquí, pero nadie les da crédito, así dice mi abuelo, que acá vive en la casa de al lado, que el mexicano tiene que ser más despierto que el mismo sol para poder con la vida.

Ahora bien, el Batman farsante y el santo que el tipo ni sus calzones pintó bien, así que parece que anda medio bichi, éstos tienen más músculos que yo, que soy, la verdad, un poco gordo, no mucho, pero sí, gordo, por eso me dicen El Cojín, porque dicen que se siente bien rico recargarse contra mí.

Luego luego que se los doy empiezan a hacer que luchen entre si cada uno con su monito, pero Luis no le atina y lastima la mano de Oscar y Oscar ahora sí llora porque él es el bebé.

Oigo el grito de mi mamá a quien le da flojera venir hasta la recámara, pero bien sabe gritar y los dos se aplacan.

Mi mamá me llevó consigo una vez a Piedras. Y de repente era puro qué chulo, qué chulo tu hijo, porque a los de allá les gusta que los niños tengan la cara redonda, pero aquí ni papas, ni quien me diga chulo.

Pero no importa porque soy listo. Listísimo soy, aunque no lo sepa la maestra, me sé todo lo que dicen, no más que me da flojera contestar. Porque de qué sirve, la verdad, darles gusto si comoquiera te desprecian. Ya ves, Amelia, que levanta la mano y contesta y hace la letra redonda y bonita como a ellas les gusta, comoquiera a la hora de nombrar a quien fuera representante de la clase no la eligieron a ella sino a Megan, no más porque su mamá siempre anda ahí.

Pero soy lo suficientemente listo para callarme. Eso es todo.

Ahora regresa mi papá y luego vamos a ver lo del Ford Fiesta, que está fallando un poco. Ahí estaré, cargando la caja de herramienta, pasándole la llave, una tuerca, lo que necesite, sudando un poco, con el temor de que se moleste, que pierda la paciencia. No pega, es suficiente su mirada para que me duela, el aire mismo se vuelve espeso, lleno de algo como electricidad. Me gustaría irme, pero no puedo, tengo que estar presente, darle la llave, la tuerca, en el momento que él lo necesite. Requiere más valor que el de Batman, que el pinche Santo falso, quedarse ahí y no decir nada. Pero ya que lo arregla y el coche queda bien, entonces mi papá se pone contento, va al refri, saca una cerveza de lata, la destapa y me la pasa:

—El primer sorbo es tuyo. Hiciste bien, mi hijo.

Es amarga, pero fría y siento rico al tomarla, al pasársela a mi papá con mi parada de hombre ya crecido.

Regreso a mi recámara, y al hacerlo paso por el espejo que está en el pasillo. Sigo siendo el mismo muchacho de doce años, de cara redonda, de cuerpo fofo. Ni una muchacha me verá bien. No hay ni Lois Lane ni Batgirl. Ni lo habrá.

No soy superhéroe, lo sé, pero tengo que jugar a que lo soy, para aguantar, para hacer las cosas bien.

Lugar de aguas

El río separa la ciudad en dos, corre de norte al sur, desde la parte alta de la ciudad hacia la planicie. En su recorrido rompe, canta, murmulla. En algunos espacios se vuelve verde, pantanoso, tranquilo y desde su fondo crecen juncos verdes y delgados; en otras partes se blanquea, se transparenta, se desliza sobre piedras, sobre rocas y un sonido alegre, ni música ni ruido, llena el aire alrededor. En ese río se bañan muchos, algunos flotan sobre llantas, otros se paran a contemplar las suaves algas que ondulan en su fondo. Hay veces entre semana en que el río se encuentra solitario, abandonado por los habitantes de la ciudad, un lugar de repente natural entre calles de asfalto. Los sábados, los domingos el río se llena de cuerpos mojados y brillantes, de familias que traen a su orilla sus hieleras llenas de cerveza, de refresco, y prenden fuego en las parrillas para asar carne, para escuchar boleros y corridos. Alrededor del asador los hombres se paran, levantando de repente una cerveza, comentando la semana. Mientras las mujeres se sientan en bancas o sobre cobijas extendidas, miran mientras los niños se acercan a la corriente, gritan amonestaciones, con una mano se protegen los ojos del sol. Ellas también descansan, sus cuerpos resentidos de las muchas horas que trabajaron durante la semana, gozando de un espacio en que no se puede trabajar.

Entre esta comunidad de extraños y conocidos camina un policía con la mano recargada sobre su arma, mira alrededor, listo para cualquier percance. Silenciosas las familias esperan su retiro para otra vez hablar. Su presencia impone una orden extraña, opresiva, que se va tan pronto se va el oficial. El aire huele a humo, a carne asada, a un pasto verde y vivo. Un bebé chilla y un perro suelto husmea la orilla del agua y se lanza al río.

Reina busca entre su bolsa sus lentes de sol, se los pone y contempla de nuevo la corriente. Bruno anda con Carlos, junto a la parrilla. De repente el grupo estalla en carcajadas. Reina soba la panza tantito, tocando levemente su ombligo, que con el embarazo ha empezado a resaltar, y vuelve a mirar el agua resplandeciente. El lunes entra a las ocho, ya le dijeron, y trabaja hasta las doce. Cuando la jefa puso el horario sobre la puerta en la sala de descanso, blanca la sala, blanca y parca y con un zumbido que jamás se va, ni siquiera se disculpó. Cuatro horas no son muchas, bueno, son muchas en cuanto a trabajo, pero no lo son cuando uno necesita todo el dinero que se pueda ganar. Así han estado recortando los horarios, al mismo tiempo que contratan cada vez más empleados, como si con hacerlos más se volviesen más precarios sus trabajos, y así menos pudieran protestar. No tiene sentido, al menos que los quieran correr. Y eso no podría soportar Reina. No con lo poco que gana Bruno y no con la llegada de su hijo que esperan en junio. Tendrían que dejar el departamento que comparten con Carlos y Laura y volver otra vez con los papás de Bruno, que a ella poco quieren. Necesita encontrar otra chamba.

Pero de nada sirve pensar en esto ahora, en este lugar, en la orilla del rio, en la cuesta en donde está sentada ella, Reina, así como otras veinte personas, cada quien en su tapete o cobija o toalla o bien en algunos casos, silla desplegable. Apenas después, a menos que quiera ella gastar sus minutos de teléfono en una búsqueda que poco fructífera sería. Así que ajusta sus lentes de sol y se pone a escuchar a Laura, quien le va contando el argumento de una película que acaba de ver.

Bruno, mientras, con la punta de la lengua recoge un granito de sal de la tapa de su cerveza y sonríe de nuevo a Carlos quien le extiende un taco de bistec. Carlos se la hace de gran chef, y Bruno lo permite, todo para no tener él que cuidar la carne, las salchichas asadas, las tortillas que van tostándose, encorvándose sobre las llamas. Él acaba de salir del río y con la bajada del sol siente cierto frío, lo suficiente para que se le haga sobre los antebrazos y las pantorrillas una piel de gallina que le parece desencadenar los escalofríos. El leve calor que expide la parrilla le invita a acercarse. Un poco bajo, de hombros anchos y cintura angosta, Bruno mueve su peso de un pie al otro en ritmo con la música que sale de un boom box color turquesa. Ay ay ay ay, grita el cantante y todos levantan de repente su cerveza como si brindaran a una dama airosa en algún balcón.

—N'ombre, no sabes —dice Carlos—. Es de lo más padre.

Y con gestos emocionados describe el torso de una moto que acaba de ver. Saca su teléfono y con un pulgar adepto desliza imagen tras imagen hasta descubrir la indicada:

—Mira no más qué chulada.

El teléfono se pasea entre el grupo y hay el suficiente aprecio para que Carlos se anime aún más:

—Si cada quien pone un cienón lo podríamos comprar.

—Ah, ¿tú crees? —replica Bruno—. Esas máquinas valen mucho más.

—O que me presten ustedes un quinientón, yo pongo lo demás, pero lo pueden usar de vez en cuando. ¿Qué les parece?

Hay algunos tentados, pero Bruno se queda silencioso. Disimulando va hacia Reina y solicito le pregunta:

—¿Te traigo algo?

—Después —le dice Reina y con la palma toca la mano de Bruno que posa sobre su hombro.

Sabemos, me imagino, lo que después pasó, que Bruno no pudo contra la insistencia de Carlos, que Reina no halló un mejor trabajo, que los dos siguieron, queriéndose, sí, pero poco a poco aprendiendo que la pareja no hace la felicidad, más bien hace la decepción.

Nació la hija de Reina y a ella también la trajeron al río. Jugó entre los encinos, chapoteaba en el agua de la orilla, disfrutó sus días. A otro niño el río ahogó, no a la hija de Reina, Este cuento no es tragedia, es sólo un poco más sobre la vida.

Fina ella

Fina ella, de hueso delgado, de cara pálida, amarillenta, las facciones resaltadas, la voz suave y tímida, y sin embargo trabajaba mucho, casi sin cesar, de hierro su espina, de unos modales que revelaban toda una vida disciplinada. Así la veía yo, uno de sus muchísimos amigos, pero ella no lo sabía, tan recta que era, tan de otro mundo, que nos intimidaba.

La conocí en un café que frecuentaba, no por ser mujer de ésas que siempre andan donde los demás sino porque el café quedaba cerca de su trabajo. Ella ayudaba a un abogado que tenía su despacho en el centro de la ciudad, haciendo lo de paralegal sin tener los certificados necesarios. Por la vitrina veía yo su cabeza inclinada sobre los archivos; por la mañana, por la tarde, se sentaba largas horas e incansable ponía toda su atención en los documentos que trabajaba. Como era debido se vestía de falda, de zapato de tacón mediano, de blusa sedosas de manga larga. Su pelo lacio color miel lo traía recogido o suelto, pero domado, como ella misma, una caballera recatada.

En el café variaba su almuerzo muy poco. O un sándwich de pollo o un bistec ranchero. Comiese lo que fuera, lo hacía con sus dedos largos y finos, las uñas pintadas, pero no filosas, y aunque fuese el bocado de comérselo con las manos, entre sus manos parecía que usaba utensilios de plata. Con su gracia natural, su recato gentil, no era llamativa sino agradable, la gente con ella se sentía a gusto, no tenía agresión alguna.

Yo, que trabajaba en el banco de la esquina, siempre me sentaba en la misma mesa, la de una esquina asoleada, de donde se podía observar bien a todos, a los que pasaban por la acera igual que a los que almorzaban a esa hora. Las meseras andaban entre mesa y mesa con su perpetua cafetera, con sus menús y de vez en cuando se escuchaba el crujir de un periódico de alguien que hacía un poco de sobremesa solitaria.

Ese restaurante tenia los cielos altos, antiguos, con unos azulejos blancos estampados y moldeados como si fuesen bajo relieves. El gran espacio, la mucha luz, hacían que los clientes se quedaran, que se les hacía difícil levantarse y regresar a sus rutinas diarias. Acogido el lugar, y, sin embargo, por lleno de clientes que estuviese no se sentía uno engentado, gracias al espacio iluminado y extenso sobre nuestras cabezas.

La conocí porque una vez se sentó cerca de mí y al llegar su pedido buscó el salero y no lo halló. Yo, caballero que soy, le presté el mío y con ese gesto se abrió el camino para que entabláramos una conversación. De ahí supe que era casada, que tenía un hijo, que hace diez años que había llegado ahí.

De su pasado no habló, pero todo inmigrante tiene su historia. No por capricho se arranca uno de sus raíces, deja familia y hogar, la tierra misma de uno, el suelo que ancla bien los pies, y se aventura a un país de otra habla para sacar con el trabajo su sustento. Yo que también soy de lejos entiendo perfectamente. Mi Chile con sus viñedos polvorientos, con el constante rugir de un mar frío y arrogante sigue en mis venas. Aun siendo ella de país tropical, compartíamos el vos, una suavidad de consonantes, una sonoridad de la que no pueden jactarse los mexicanos.

A veces al lado de su platillo se veía un libro delgado, de pasta simple y yo desde antes siempre curioso disimuladamente trataba de leer su título. Ahora pude preguntarlo, y de ahí empezamos a intercambiar los nombres de autores, a recrearnos en nuestros gustos afines.

Les advierto desde aquí que la amistad era toda inocencia. Ya he llegado yo a una edad en que, aunque el corazón quiera, el cuerpo no responde. Si mucho, quisiera tocarle su cabello lacio, sentir los huesos de sus hombros. Estrecharla contra mí ni soñaba. Me bastaba con verle sus ojos alegres, el pequeño hoyuelo que repentinamente aparecía cuando una sonrisa tímida le surgió. No aspiraba yo más. Ni con mi difunta esposa, mi querida Amalia, osaba yo acercármela sin previa invitación, menos lo haría con esta dama natural.

Por eso más me duele lo que pasó, ese malentendido del que no hallo escapatoria. Si no fuera por aquel bribón de Jiménez jamás nos hubiéramos separado. Permítanme explicar cómo es este señor, que no debería llevar ese apelativo. Jiménez es un hombre cuarentón, de talla mediana, de panza algo rellena, de pelo negro y abundante, de un bigote que ya presagia sus aspiraciones de tenorio. Es, aparte, superior mío en el banco, no porque sea el más capaz sino porque es dueño de uno de esos títulos universitarios que aquí tanto aprecian sin razón. De saludo firme y aparentemente sincero, de un humor constante, alegre y juguetón, ha ganado la amistad de medio pueblo.

Normalmente este señor no almuerza en el café central, sino que va a alguno de esos restaurantes de cadena que se encuentran esparcidos por la carretera, esos restaurantes de comida vulgar y corriente, de una abundancia nauseabunda, pero en donde sirven bifes suculentos y baratos. Pero por alguna razón de la mala suerte, algún capricho de las Hadas del destino, decidió acompañarme, y, ya que me pareció descortés sacudírmelo, toleré su presencia.

Desde la entrada fue un desastre total. En lugar de apurarse a sentarse conmigo en aquella mesa asoleada, paseó por el restaurante saludando a medio mundo, con palmadas absurdas e incluso con abrazos. Luego, al sentarse pidió, qué horror, una cerveza bien helada. Sepan ustedes que este restaurante no tiene ni jamás ha tenido licencia para vender licor de ningún tipo. Cuando la mesera le explicó que no había cerveza, puso una cara de terrible genio y a una mesera con la que he cultivado desde hace años una buena relación, tan buena que no sólo me recomienda lo mejor sino que a veces separa para mí el último pedazo de una tarta de manzana que me fascina, a esa mesera le hizo un ruido de disgusto y molestia que me empañicó.

Después de presenciar varias acciones más de este no caballero, acciones que hirieron mi ya lastimada sensibilidad, acciones que no repito aquí para no darles a ustedes también un disgusto, vi de reojo algo que, seguramente por maldad, envidia y rencor, me maquinaron esas hadas malditas, y es que de reojo vi que entraba, con la gracia y recato de siempre, cargando una bolsa de buen gusto y un libro de aun mejor, mi linda amiga, la dama fina cuyo respeto nunca quisiera perder. La maquinación de estas duendes era aún más malévola en que el restaurante estaba hasta el tope de gente y no hubo mesa para mi querida compañera. No supe qué hacer. Si la invitaba a acompañarnos, seguramente la vulgaridad de mi acompañante dejaría una impresión indeleble; si me hacía el desentendido, la obligaba a quedarse de pie, humillada, ignorada, sufriente. Opté por levantarme, disculparme con mi compañero de mesa, ir hacia ella, quedarme a su lado, con mi espalda a Jiménez, y empezar esa serie de intercambios conversacionales, nimiedades de gran importancia, que permiten que alguien se sienta a gusto, aun mientras espera, hambrienta, que se despeje un lugar.

En eso oigo una voz que jamás olvidaré, gritarme a medio restaurante:

—Eh, Guzmán, ya llegó la comida. Se te va a enfriar. Deja de hablar con tu novia y vente a comer.

Aun con la discreción que tiene como don natural, vi palidecer a mi amiga, vi que su cara ya un poco amarillenta de tono se pusiera aun de un tono más ictérico. Pobrecita, sonrió, y dijo:

—Pues, sí, por favor, regresa a tu mesa y come.

Desde entonces mi amiga no ha vuelto al café. Creo que, al intentar yo vislumbrar lo que hay detrás de la vitrina frustrantemente oscura del despacho de su patrón, la he espiado mordiendo la esquina de un sándwich detrás de su escritorio.

La trampa

Sabemos que esto será diferente, desde que los rumores corren por la escuela de que va a haber una fiesta en las afueras de la ciudad, que irán todos con sus trocas justo al borde de la ciudad para que no pueda intervenir la policía municipal con su vigilancia y sus reglamentos sobre el ruido, que van a formar un círculo con las camionetas y que van a prender las luces para iluminar así un espacio y que habrá música en vivo de una banda de Austin y, claro, alcohol, sabemos que esto será diferente.

Lorena, que siempre ha sido miedosa, dice que no va, y Paola también, y mi hermana Lucero dice:

—Uf, qué cobardes.

Y sí es cierto, el desgano de esas dos mojigatas es más bien cobardía que prudencia, por temor a sus primas, por guardar una reputación que a nadie entre nosotras nos importa, porque si fuesen tan cristianas no serían tan chismosas. No, lo que pasa es que les gusta ir a la misa de guitarras y ver a Juan Carlos que toca bien y es bien chulo y por eso andan siempre persignándose y hablando de la Biblia y haciéndose las muy santas y goody two-shoes.

Pero a mí no me gusta Juan Carlos. No es mi tipo.

Lucero y yo sí queremos ir a la fiesta. Queremos ver lo que otros ven, sentir lo que otros sienten, la emoción de escuchar una música tan fuerte que se siente en los huesos, sentir los cuerpos agitados bajo las luces intermitentes, ver algo nuevo en el momento en que es nuevo, no en su vigésima repetición.

Así que le decimos a mis padres que hay una merienda en la casa de la Cachis. Nos arreglamos bien chulas, las dos, con nuestros jeans y con las botas que nos dieron por Navidad. Y vamos en la troca hasta el lugar.

Lorena y yo tomamos dos red cups de cerveza y bailamos en el grupo. Vemos no sólo gente de la ciudad sino muchos chavos de los pueblos de alrededor. Y es de veras algo padre, pura raza, algo comunal, con gritos, y una sensación de compartir, de ser camaradas en la vida.

Sentimos la alegría de una noche destapada, en la que hasta el cielo parece ya no existir, como que hay un espacio enorme sobre nosotros, sin temor alguno.

Y entonces a mi hermana le dan ganas de explorar un poco más. Parece que la gente se ha esparcido. No todos están dentro del circulo iluminado, sino que hay grupitos en la media luz entre una camioneta y otra, y en esos círculos más pequeños hay una sensación de mayor intimidad, de algo más profundo aún.

Así que por allí caminamos, tratando de vislumbrar entre los grupos algún rostro conocido. Creo que mi hermana busca uno en particular, el de un senior que a ella le gusta y que está en su clase de cálculo.

Pero entre dos camionetas que está estacionadas muy pegadas el espacio es estrecho, y entonces al pasar entre las dos camionetas, tenemos que casi rozar los cuerpos de unos extraños, que apenas se ven en la media luz. Noto que son muchachos todos, que no hay aquí más mujeres, y se oye mientras caminamos como unos ruidos bajos, palabras sin entenderse, algo como un leve gruñido. Hay algo de tensión y de repentina expectativa y cómo si el círculo cerrara y no hubiera manera de regresar. Comoquiera con nuestros vasos desechables en alto decimos con permiso con permiso y así pasamos, mi hermana adelante, yo atrás, excepto que al seguir a Lucero por un espacio muy estrecho rozo el cuerpo de un muchacho jovencillo, alto, estirado, pero flaquillo, de bigote delgado y pelo no largo, pero al que sí le falta un corte.

Que me agarra y directo empieza a sobarme, su mano sobre mi sexo, sus dedos tiesos e implacables, tocándome abiertamente delante de todos. Y yo no me muevo, de la pura sorpresa, me quedo ahí atrapada, paralizada.

Y la mirada de mi hermana mayor que espantada rápidamente me jala de ahí y desaparezco.

Me voy caminando, igual que siempre, en ritmo con la música, sonriendo como si nada hubiese pasado. Lucero me sigue y en un rincón de la fiesta me pregunta, su rostro muy cerca del mío, su mano sobre mi hombro, si estoy bien, y le digo que sí, que estoy bien.

Y la verdad es que sí. Como no conocía a la gente alrededor, extrañamente no me asustó ni me apenó el suceso. Lo veo como algo ajeno, un gesto de él y no mío, un gesto que nada tiene que ver conmigo.

Ahora bien, ¿por qué lo hizo? ¿Lo pensó él o sólo reaccionó?, cosa del licor, un momento animal, desprovisto de todo juicio.
El manoseo era obligatorio casi en la situación. Tantos ojos sobre uno, tantos ojos que exigen la hombría.

Luego me doy cuenta de que el tipo no me tenía bien agarrada, sino que me soltó luego luego, como si él mismo sintiera cierto alivio al no tener que seguirle.

No sé, a lo mejor me equivoco, no lo comprendo.

Pero seguimos en la fiesta una hora, o dos horas más, y luego mi hermana y yo regresamos a casa, bien bailadas, no del todo contentas, pero tampoco traumadas. Mis padres ya están dormidos cuando llegamos, no hay pedo.

Y ya cambiadas en nuestra piyama y con los dientes lavados y con la sensación agradable de una almohada bien fresca, bien esponjada, bajo la cabeza, me vuelve a preguntar Lucero que si estoy yo bien, y le digo que sí, que estoy bien.

Una vez estoy en una fiesta, en una de esas reuniones que se arman casi sin querer porque alguien mandó un texto a una amiga del grupo y a ella le gusta el muchacho y nos ruega que pasemos por ahí, aunque sea por unos minutos. Pero van por cerveza y la cosa se alarga, ponen música y como que todos se van yendo hasta que yo me quedo con un muchacho en la sala, los demás esparcidos por la casa. Intercambiamos unos besos desganados, más porque los demás han formado parejas y sólo estamos él y yo, y que empieza a bajarme el cierre y pongo mi mano sobre la suya y le digo que le pare, que aquí nada va a pasar. Y él se endereza un poco en el sofá en donde nos encontramos y en una voz muy baja me dice que cuando me intentó tocar era porque sentía casi una obligación de hacerlo, que a él le interesa otra muchacha, pero que ella lo ha dejado, que se acercó a mí porque perder la ocasión de buscar un ligue era algo que no aceptarían sus compañeros, pero también que quizás yo lo hubiera tomado como un insulto, si él no hiciera al menos el intento.

Años después, sobre otra almohada, hablo con mi esposo en voz baja, en esa especial intimidad que hay de vez en cuando en un matrimonio en donde de repente se habla de recuerdos no compartidos. Él me cuenta de una muchacha que había en el pueblo donde él nació y de cómo la maltrataban:

—Le decíamos puerca, y qué fea y qué asco. —Mi esposo rasga el pecho—. Y no estaba de mal ver. Ahora me hubiera llamado la atención, pero ya ves, con los años los gustos se emparejan.

Veo su silueta, su rostro tan conocido, volteo un poco para oírlo mejor.

—Pobrecita —sigue él—. Pero los insultos no eran para ella, eran para alejarnos de un posible encuentro, de esa experiencia. Si éramos tan chavos. No habíamos tocado mujer. Era el puro miedo. Ya sabes, Dios no da alas a los alacranes.

Hay un respiro, un breve respiro, y entonces me aventuro a hablarle de aquel baile y de lo que pasó, porque extrañamente hay detalles, aún después de diez años de casados, que no se guardan a propósito del otro, pero que no se revelan tampoco. Y me pregunto si es porque este suceso era de tan poca importancia o si es porque, aunque no lo reconocí en ese tiempo, quedó algo de pudor, de pena, por lo sucedido, y que de alguna manera me siento ultrajada:

—Si no, ¿por qué todavía puedo sentir esos dedos y ese olor a cerveza y tabaco? Si no tuviera importancia, ¿por qué me quedó tan grabado?

Mi esposo extiende su mano y toma la mía. Con su torpe caricia me repara todo. Y tal vez con eso los dos, el muchacho aquel, el del baile, y yo, que hace años caímos en aquella trampa, por fin nos liberamos.

La hostia

Le habló su mamá la noche anterior:

—¿Podrías llevarme a St. Regina's mañana? Va a haber una misa para Catalina, es a las doce, y luego una merienda.

—Claro, mamá, ¿a qué hora paso por ti?

Berenice arrimó el coche a la acera junto a la entrada, dejando así a su mamá casi en la puerta, y quedó en recogerla a la una y media. Bajarse del carro, cerrar la puerta, espiar por la ventanilla, todo eso tardó mucho más que lo debido.

—Si no estoy aquí, estaré al lado, en el refectorio, van a dar algo de comer después de la misa. ¿Segura que no quieres entrar?

Berenice le dirigió a su madre esa mirada que decía que las cosas ya estaban dichas, que para qué seguirle.

—Bueno, pediré por ti.

Miró mientras su madre, con su mano sobre el barandal, con su mejor cartera negra bajo el brazo, negoció las escaleras y se unió con otras dos señoras también ya grandes que al verla se detuvieron ante las puertas enormes del templo y la esperaron, amables, sonrientes.

Berenice puso su coche en avanzar y le siguió.

En menos de dos horas estaría de nuevo ahí, en el refectorio, con su madre y las otras señoras que seguramente estarían saboreando las miguitas de la hostia que se les habían quedado entre los dientes, sobre la lengua, en el paladar.

Se acordó del sabor, entre dulce y pastoso, a miel transparente y dorado, a trigo fino, y su consistencia, un poco dura, acartonada, pero que se iba disolviendo en la lengua, y que parecía ir moviéndose a través de uno, esparciéndose hasta llegar a cada molécula del ser, una bendición, un sustento, algo que transformaba a uno en otro mejor. Tantos años desde que la probaba.

El primer día de la clase de catecismo fue el momento de descubrir quién más de los compañeros de la escuela era católico: Fernando y Daniela, pero también, qué sorpresa, Megan y Patrick, que por ser güeros ni se lo imaginaba. Todos ellos y ella se veían de reojo, serios, sin saludarse, pero contentos de que hubiese caras conocidas.

Repartieron los libros, ese librito con sus pocas páginas, que tan fácilmente, tan rápidamente se leía, pero la maestra que les daba la clase insistía en que lo leyeran en voz alta. Que lo leyeran lentamente, para entenderlo bien. Era como una penitencia, algo hecho para que cultivaran el don de la paciencia.

Y el olor a crayolas mientras iluminaban los dibujos, la sensación de la película de cera que se acumulaba en las puntas de los dedos, los pedacitos de crayola que quedaban bajo las uñas mientras pintaban, el temor de pasar la línea y estropear el libro, el ruido de las tijeras cuando cortaban, el olor a pegamento, dulce y harinoso que invadía el lugar cuando pegaban la vela de papel sobre la hoja de papel estraza. Y la gran alegría que se sentía cuando ya se acabó la clase y pudieron irse a sus vidas normales.

Y al terminar la lección el vasito de ponche, la caja de galletas del Surtido Rico, llena de sus copitas de papel fruncido, que crujían a elegir cada quien su galleta, para eso luego iba Berenice al catecismo aun después. Era el mayor aliciente para que asistiera.

Este grupo suelto, al que pertenecía, al que no hubo escapatoria, de cierta manera, pues la presión de regresar, de seguir esas reglas, y el temor de la desaprobación todavía los sentía. Cambió el semáforo y Berenice se dirigió a su casa.

Dos horas después Berenice buscó a su madre en la merienda para los asistentes al servicio; tamales y frijoles y pastel de tres leches, el pastel de leches demasiado dulce, empalagoso, con un betún duro y amarillento, con un charco aún más amarillento sobre la charola en la que se servía, la cafetera grande color estaño gorgoteando, los vasitos desechables blancos en sus torres, las largas mesas cubiertas de manteles de plástico. Hacía años que no se había parado en ese lugar, y vio esquinada en el refectorio grande y lleno de ecos una pizarra blanca y sobre ella en marcador de varios colores con cuidadosa letra una lista, en orden, de los siete sacramentos, y vio a su madre sentada con las otras señoras ya grandes, cada quien con su platito desechable lleno de tamales, su vasito de líquido rojo, su tenedor de plástico, cada una bien portada, domada, y el sacerdote vestido de negro, como un animal capado entre todos, señoreando, le dio mucho coraje que a ella este grupo todavía le siguiera rigiendo los pensamientos.

Porque aun cuando iba a la farmacia a comprar los preservativos que otros le aplaudían usar, temía siempre que la viera uno de los catequistas, porque si tomaba más que una copa de vino imaginaba el chirriar del marcador sobre una pizarra blanca deletreando la palabra *gula*, porque aun los domingos, ahora a los cuarenta y nueve años, al pasarse las seis y no haber ido a misa, sentía el peso sobre su alma de otro pecado mortal.

Ah Dios, ¿para qué servía todo eso si no para controlar a los jóvenes, para controlar a una población? ¿Por qué armar ese gran espectáculo que era la misa?, que era espectáculo seguramente apantallador en tiempos medievales, pero luego no podía competir con el cine, con la televisión, excepto que estos dos medios no tenían ni el olor a incienso ni el sabor a la hostia. Ni, ahora que lo pensaba, el olor a cedro fino, los ecos de los pasos en los grandes espacios, las columnas de luz que partían ese espacio, los vivos colores de los vitrales. Y la participación de todos, el dolorcito de estar de rodillas, los movimientos constantes al pararse, sentarse, arrodillarse, todos en grupo, un ruido enorme pero bajo del movimiento de tantos, el unirse a una colectividad, el juntarse a un coro de voces que proclamaban lealtad, que rogaban perdón, que se humillaban ante un pedazo de pan.

Ese sabor que todavía podía recordar perfectamente, tanto que cuando tenía miedo o se sentía ansiosa lo suscitaba para así sentirse protegida.

Ese sabor que la sorprendió cuando le dieron una hostia de prueba, una no consagrada, la semana antes de su primera comunión. Que la sorprendió porque pensaba que la hostia, por ser el verdadero cuerpo de Jesucristo, sabría a sal, a carne chamuscada, al gordo de un pedazo de bistec mal cocido y que temía que la iba a vomitar tan pronto la pasaba.

Las señoras que le dijeron que iba a tener el privilegio de comer el cuerpo de Cristo, que habían distribuido las hostias de prueba a los catequistas y que ahora caminaban entre ellos y les miraban sus rostros, expectativas de ver una alegría espiritual, y los niños, sentados todos en las sillas de metal plegables en el espacio enorme y blanco del rec room que servía para dar clase cuando los grupos se juntaban, las sillas tan frías que el frío se transmitía a través de la ropa, y si uno se movía tantito las bisagras chillaban y la señora más grande le miraba a uno feo.

En esas mismas sillas ahora se sentaban su mamá y las demás señoras envejecidas, quietas, pasivas, esperando que fuera su turno para ser recordadas, para que el incienso les rodeara, para que el sacerdote proclamara sus nombres, para que la mano del sacerdote untara sus frentes, para que de repente tuvieran para la Iglesia tantita importancia.

Otra vez se recordó Berenice del sabor de la hostia, por la ansiedad que sentía, por el temor al fracaso, por la necesidad de tener algo que la hiciera otra cosa que la que era. Fue hacia su madre, saludó a todos como se le habían enseñado:

—¿Ya lista? ¿O quieres otro café?

Y la cara expectativa de su madre la miró, como si quisiera en su rostro vislumbrar, al haber Berenice entrado en este recinto, alguna seña de una alegría celestial.

Bajo el puente

Me llamo Avelino López Veduño y tengo sesenta y cuatro años, y treinta de eso años los he pasado aquí en esta ciudad. No hace mucho frío aquí, hace calor, pero como soy de lugar caliente, no me molesta, hasta me gusta, y hay suficiente trabajo para vivir. No tengo de qué quejarme.

Levanto la botella. La paso a mi compadre Toño que es más grande que yo, que sabe más que yo, pero no lo dice, apenas de repente comenta algo y me lleno de su sabiduría, su sabiduría cargada de dichos, dichos del pueblo, dichos pesados con su verdad. Es esta hora la que más me gusta, cuando la luna apenas se vislumbra entre los árboles altos, milenarios, a la orilla del río. Cuando se disminuye el tráfico y aúllan los perros, cuando el río se escucha en todo su fervor. Es esta la hora que me gusta cuando entra un friecito que hace que el trago caliente mi garganta, que la abrace como la acaricia de una madre.

Es cuando me vienen los recuerdos, los recuerdos de hace años de la hoguera de mi casa, del olor chamuscado de la tortilla de nixtamal sobre las brasas, del chile asado y de las chochas blancas en un taco extendido por la santa mano de mi madre. Ay, dulce su cara, tierna su mirada, le brindo en donde esté, que por mi edad que me imagino que ya está bajo tierra, arropada por la tierra, junto a mi abuelo, que en paz descanse, en el campo santo ahí por Güemes. Pero aquí en este friecito, pronto van a ser las once y entonces vendrá el policía que nos corre del parque, de nuestro lugarcito aquí bajo el puente. Toño irá a su casa, yo a la mía, y pasaré unas horas solitarias Prefiero pasarlo con alguien, para que los pensamientos más tristes no me alcancen, acompañado yo no me pesan tanto.

Quisiera tener compañera, pero esa suerte no me tocó. No sé por qué, no soy del todo feo, pero tímido soy y más en los bailes. No podía yo bailar sin unas copas encima, y entonces más tímido me ponía con las mujeres, temeroso de decir algo indebido, de ofender.

La única mujer que tuve fue Serafina. La conocí en la bodega en donde yo barría y limpiaba los pisos, y no sé si por caridad me permitió acompañarla a su casa, a acostarme entre sus sábanas, a tocar su carne suave y tibia. Temblaba yo, la apreciaba, y la hubiera seguido frecuentando si no me la ganara Tiburcio con su bigote tupido, con sus cuatrocientos dólares a la semana. No la culpo a Serafina, tenía que pensar en sus hijos, en el bien de ellos, y me daba cosa cuando después me di cuenta que Tiburcio tenía otras mujeres aparte de la Serafina.

Pero eso fue uf, hace veinte, veinticinco años, y ahora la única hembra que tengo es esta agua, este río que me canta y me susurra, que me arrulla cuando estoy triste, que celebra cuando me va bien. No tengo de qué quejarme, la verdad. Tengo más suerte que muchos, y por eso. . . ¡salud!

Para Gloria que también debe entrar aquí

Era lista y alegre con mucha energía y sin embargo de lengua filosa, de ideas radicales, pragmática como ella sola, cabecera de varios grupos en la comunidad, lideresa de la colonia, del sindicato, parte de varios comités, tesorera de la League of Women Voters y recolectora de limosnas en la Navidad.

Y siempre había algo que hacer, o algo de la casa o de la oficina o de un compañero que requería de su ayuda, de manera que no extrañaba, no, de veras, no extrañaba cuando aún con la campanita del Ejército de Salvación levantada y a punto de sonar se cayó de bruces en medio de la calle.

Y así de repente despertó en un catre en el pasillo de un hospital con el dolor de una línea intravenosa en el brazo y las luces fluorescentes en los ojos, con un marido ausente, pues tuvo que llevar a la hija al básquet. La enfermera pasó, tomó su pulso y se fue con un saludo perfunctorio en los labios, una sonrisa de las más profesionales, un agarre firme pero impersonal.

Cuando después le hallaron cuarto y el médico la examinó, el médico tan joven tan joven que, aunque no había vuelto a casa en menos de tres días y que se caía del sueño, barba no había logrado crecer. Y ese médico de mirada soporífica que bostezó dos veces, Gloria lo vio, una vez detrás de la puerta y otra así, con la mano al revés, tapándose la boca, aunque trataba de disimularlo, le recetó un medicamento y le dijo que se quedara un rato más porque había ordenado varios exámenes, los mismos que ella no quiso tomar porque quién sabe cuánto iban a costar y ella ya se sentía bien, bien, bien, bien, si nunca se había sentido mal.

Y determinada estaba, aun contra las indicaciones del médico y de todo el personal del hospital, de darse de alta cuando llegó su hermana Miriam, que tan pronto supo había agarrado su coche allá en Dallas y había manejado sin parar, tres o cuatro horas, a veces pasando el límite de la velocidad yendo a ciento ochenta, doscientas kilómetros por hora para llegar así lo más pronto a lado de la cama de su hermana menor, y viendo a Gloria ya desanudando el hilito de la bata de hospital y ya buscando con un pie debajo del catre sus pantuflas de papel para así ir al clóset y sacar su ropa, insistiendo que tenía que regresar a casa, que allá la necesitaban, dijo con una voz firme y contundente:

—Ni madres. Te quedas aquí hasta que estés bien pero perfectamente bien.

Y algo en el tono de su hermana le quitó a Gloria toda responsabilidad y supo que por una vez en la vida a ella no le tocaba el trabajo mayor y pudo depender de otra, pues su hermana Miriam era eso, era una fiera bien hecha, capaz de todo, sobre todo de cuidar a Gloria que tanto lo necesitaba. Y con eso Gloria se volvió a acostar, y en sus ojos aparecieron dos lagrimitas, lágrimas que la sorprendieron, porque ella jamás era de llorar, y con una gran gratitud y con cierta dulzura casi infantil Gloria se acostó de nuevo, se tapó con una sábana, puso su cabeza sobre la almohada y sonrió. Pero las lágrimas no cesaron, siguieron fluyendo, aunque Gloria no pudo encontrar ninguna causa.

—Chsstt —le dijo la hermana—, chssst.

Y con eso dejó la bolsa sobre una mesa, se quitó el abrigo y lo acomodó sobre la bolsa, jaló una silla hasta acercársela a la cabecera de la cama y se puso a hacerle piojitos a su hermana, al pelo canoso de su hermana de cincuenta años, hasta que ésta se durmió.

Costurera

—Ya regresó Mateo.

Me lo dijo Pati tan pronto entré a la tienda. No pude ni quitar mi bufanda ni desabrochar mi abrigo y ya estaba ella con la noticia, mirándome la cara mientras me la dio para gozar de mi reacción.

Alcé los hombros:

—Ni modo —le dije—. No hay ley en contra.

Colgué mi abrigo, mi bufanda, en el perchero que tenían para nosotros los empleados y me dirigí a la máquina de coser:

—Total, ha de querer ver a sus hijos, a Óscar y a Beatriz.

—Después de lo que te hizo.

—A mí no me hizo nada que no han hecho miles de hombres. Él no tiene nada en especial.

—¿Le irás a cobrar?

—¿Cobrar qué?

—Pues la manutención.

—Si nunca me daba nada antes, ¿por qué se lo voy a esperar ahora?

Todo eso se lo dije a Pati, pero no por eso mientras aplanaba con mi pie el botón para que la máquina corriera y con mis dedos guiaba la tela hacia la aguja punzante no sentía yo una misma sensación punzante en el pecho.

Teníamos un pedido grande y había mucho que hacer, y yo, con mis ojos que me empiezan a fallar, trataba de trabajar al par de los otros, que rápidos eran, más rápidos que yo, aunque quizá sea yo más precisa en mis costuras. Alrededor de nosotros estaban los tendederos para toda la ropa que traía la gente, o bien para la tintorería o para que se la hiciéramos algún arreglo, pero don Jorge también nos aprovechaba para pedidos especiales de vestidos de damas de quinceañeras, de disfraces para las pastorelas y para bailables, y por eso éramos tantos.

Pati siguió con su cruzada, sentándose frente a su máquina, así, como sobre el hombro me lanzó:

—Lo vi en el café de la esquina, ese café que tiene un nombre raro, no me acuerdo cuál. Andaba tomando un café y unos hotcakes. Poniendo miel sobre sus hotcakes, así, tan campante.

Ahorita la tela que cosíamos era de un color lila, un color sutil, no chillante, que agradaba a los ojos, pero era un satín resbaloso que fácilmente se deshebraba, así que había que tener especial cuidado. Además de coser los vestidos, para los chambelanes había que hacer unas fajas del mismo color y aparte corbatas. Los vestidos no eran complicados, eran de un buen gusto, sencillos, sin muchos holanes ni nada de eso. Daba gusto hacerlos, no como cuando los diseña la quinceañera y los quiere fufúes, con encaje y terciopelo y quién sabe qué tanto más. No, esta vez rigió una sensibilidad mayor.

Desestiman lo mucho que se requiere para saber coser, una inteligencia geométrica, una sabiduría de dedos, de práctica; no es cosa fácil. Digo que soy costurera y la gente no me mira igual que a una maestra o a un artista, pero se requiere igual de coco, si no es que más. Si viviera en un pueblo con más dinero me hubiera hecho rica.

Pero aquí la gente tiene que ahorrar mucho para gastar en sus fiestas, y estas fiestas, las bodas, las quinceañeras, sólo pasan una vez en la vida. No hay suficiente trabajo.

Por eso me pregunto por qué me quedo aquí, si hace veinte años me trajo Mateo, a este pueblo que no era mío, que no era tampoco de él, y luego él se fue, ¿por qué me quedo en este lugar? Excepto porque ya cuando se fue Mateo ya los dos niños estaban en el colegio y tenían sus amiguitos y me pareció cruel sacarlos de su hogar. Y ya tenía la chambita esta con don Jorge y se me hizo más fácil quedarme que ir a buscar trabajo en otro lado.

Y quizás también fue porque si a Mateo se le ocurriera volver a buscarme, así me podría encontrar.

Guío la tela hacia la aguja; en mi pecho no punza tanto. Me he logrado calmar.

Dudo que me busque. Quizás sí, para ver a sus hijos, quizás se equivocó Pati y fue otro hombre que vio. Ya han sido más de quince años desde que ese hombre se fue. Un hombre puede cambiar mucho en ese tiempo. Si yo soy igual de peso pero más apagada, los cabellos canosos, la piel más aguada. Comoquiera soy de mediano ver, agradable pero no impresiono. Soy de esas mujeres que pueden perderse fácilmente en la multitud, talla mediana, zapato de número mediano, rostro mediano. Y lo que me sucedió, que mi marido me dejara después de nueve años y que no se supiera nada de él, también eso es algo que pasa a toda una muchedumbre. Fácilmente me pierdo entre esa muchedumbre de mujeres que han tenido ese mismo destino mediano.

Con las tijeras corto una hebra que se salió y le sigo.

Pati sabe de mí, no porque haya siempre estado en la tintorería, sino porque con tantas horas y horas que estamos con el zumbido de las máquinas y la radio puesta y el corte y las costuras y las bastillas y la rutina uno se pone a platicar, y, aunque yo no soy de mucha habla, poco a poco ella me fue descubriendo la historia, y vio, una vez que la invité a cenar a mi casa, la foto de Mateo que todavía está sobre el televisor. Y no sé porque se le hizo algo muy romántico, esta historia de un matrimonio fracasado como tantos otros. Si no quito la foto es porque es Mateo el papá de mis hijos, porque tiene los mismos ojos que Óscar.

Fueron ésos los ojos que me ganaron: ojos dulces, casi bovinos, tiernos, sinceros. Con esos ojos me convenció levantar la falda, bajar los calzones, dejar que me tocara con sus dedos insistentes y confiados. Con esos ojos me despertó la tembladera que exigía que él la calmara. Que me hizo rendirme en todo y casi suplicarle que me usara. Esos ojos que aparecieron detrás de mí en una misa de abril y que tan pronto los vi me endiablaron.

Tanta fogosidad ningún otro hombre me ha despertado.

Tanta fogosidad que terminó aquí, sentada, impulsando tela hacia una aguja insaciable.

Tengo mis dos hijos, tengo mi casa rentada. Tengo mis recuerdos que saboreo por la noche en mi cama solitaria. Si Mateo me busca, hablaré con él. Si tiene los mismos ojos, Dios sabe qué pasará, o quizás lo sepa el diablo.

A la sombra

Sobreviví la prepa. Dicen que muchos de los como yo no lo hacen, pero yo lo logré sobrevivir. Y es que sabía yo bien el juego, tenía la habilidad verbal, el humor, todas las armas para que me aguantaran, para que no me fueran a pegar. Y lo logré. Con mis palabras picudas no sólo hice que rieran, sino que hice que me temieran, que no les fuera a exponer sus debilidades, y menos que se pensara en ningún momento que no eran hombres.

Yo era el que les ponía los apodos, el Mocoso, la Chancla, el Fetillo, y se les quedaba; esos sobrenombres pasaban por los pasillos del colegio, corrían como agua.

Sobreviví. No me alcanzó la tristeza ni la depresión. Corrí tanto, me moví tanto para que no me alcanzara; el único deporte que hice, el de a campo traviesa, lo hice porque así sentía que me escapaba, que me iba, que nadie me podía tocar.

Ni después, por la noche, acostado en la cama, cansado de tanto ejercicio, me cuestionaba nunca. Y es que desde niño lo decidí, a mí me tocaba lo duro. Pero los hispanos ya lo saben, se lo saben desde hace siempre, que los lamentos para las canciones, para las fiestas, cuando uno quiere ponerse sentimental, pero para la vida, hay que saber aguantar.

Lamentarse en las fiestas, reírse por el día, buscar el albur, picotear, llegarles, burlarse incluso de uno mismo, si así se defendía uno más. Si alguien quería destacar, a lanzarle dardos, a bajarle los humos. Que supiera que no nos tenía apantallados.

Tavo era otra cosa. No recurría al humor, era silencioso, buen hombre, callado. Los demás lo respetaban, contaban con él, lo admiraban. Si aventaba una pelota, atinaba; si decía algo, era lo justo, lo que precisaba.

En el lento languidecer de la tarde, después de la práctica de futbol, detrás de los vestidores, en el rincón aquel por donde casi nadie pasaba nunca, junto a un radiador en desuso, a un bote de basura que no vaciaban seguido, que rozaba con su barba ya ríspida mi mejilla, que me tomaba desde atrás.

Pero luego en el gimnasio, en los pasillos de la escuela ni me miraba.

Y es que uno también tiene corazoncito. Uno también desea que lo quieran de verdad.

Es ya de por sí difícil navegar la prepa, no caerse en la desolación, pero más lo es cuando tienes que ir adivinando a quién acercarse y a quién no.

No lo culpo. Lo entiendo. En mí me lo detectaron tan pronto mis compañeros que no hubo manera de esconderlo. Lo supieron incluso antes que yo, llamándome nombres cuyo sentido yo desconocía. Mi andar natural, mi tonada, los gestos que me salían me marcaron desde la primaria. En cambio, él andaba entre el grupo, codeaba con todos, lo invitaban, lo buscaban. Es difícil dejar una posición así.

No lo tomaba a traición que me evitara, que ni que me buscara sólo de vez en cuando, cuando él mismo no se aguantaba. De lejos lo veía y lo cuidaba. Quería su bien, quería que estuviera feliz. Cuando lo veía, en el campo de futbol, así, a lo lejos, el sol brillando, él casi solo una silueta, moviendo con gracia en su cancha natural, deseaba todo para él.

Cuando se fue a estudiar y luego supe que se casó, y que terminó viviendo en Dallas, me dio gusto. Creí que lo había logrado.

De vez en cuando lo busco en Google, no me atrevo a buscarlo en Facebook. Prefiero que no me rechace.

Hay algo que sucede con los primeros arrimos, con la primera vez que a alguien le tomen de la mano, que le den un beso. La impresión, las imágenes quedan grabadas en la memoria, jamás se van.

Voy esta noche a un bar de osos, un bar de ésos en donde los homosexuales a quienes les gusta el hombre fornido, el hombre con barba, de botas, de franela de cuadros, de sombrero tejano, puedan encontrar pareja. En la mirada de éstos, varoniles, de barriga grande, de brazo velludo, que no denotan de inmediato sus inclinaciones, hay un anhelo del más desnudo.

Ahí habrá cerveza y cacahuates, una plática difícil por la música fuerte y por la frecuente timidez, pares bailando en la semioscuridad. No cabe duda que el ritual es patético, ridículo, sentimental. Y entre estos osos no está mi Tavo, no está mi verdadero amor.

Fuga

Abrió el gabinete y miró debajo del fregadero para buscar la fuente del charco que se había extendido por la mitad de la cocina antes de su llegada, el charco que ya había limpiado Ernesto con unos trapos viejos que la señora de la casa tenía. Entre las botellas vacías, los frascos de productos para la limpieza, los estropajos viejos, las tuercas oxidadas y el leve olor a mojo y madera mojada vio una mancha café alrededor de un tubo de PVC. Extendió su tapete acolchonado, se puso de rodillas y empezó su labor.

Detrás de él y a la izquierda estaba parada la señora, con sus brazos cruzados en un gesto defensivo, un gesto que había comenzado desde que abrió la puerta y lo vio, un gesto indebido, sutil, culpable pero milenario de la persona que ve a otro no de su tribu.

Mientras Ernesto despejaba el espacio, moviendo los frascos, las botellas, a un lugar sobre el mostrador ya colmado de adornos, de paquetes, de trastes sucios, se preguntaba, ¿qué creía la señora?, ¿que iba a romper algo más para cobrarle algo adicional?, ¿que iba a robarse el estropajo viejo?, ¿llevárselo a su casa para usarlo ahí?, ¿que iba a hallar en la u del tubo un anillo de gran valor y embolsárselo? Calculó que por la vigilancia le debía de cobrar quince dólares más, no más por estarla aguantando, ahí, en su traje de correr y sus pantuflas mugrosas, mal peinada y mal humorada. Comoquiera sería menos lo que pagaba ella que lo que hubiera pagado si hubiese llamado a cualquier compañía normal, que cobraban ochenta dólares no más por llegar a la casa y que desde ahí empezaban a correr reloj y las partes las cobraban al doble, al triple de su valor. Él, en cambio, cobraba lo justo, pero esta vez lo justo sería quince dólares más.

Ya empezó el dolor de espalda que le daba cuando estaba en esta posición, el que continuaba aún por la noche cuando se acostaba. Ni modo, eran gajes del oficio. Otros hubieran sido si se hubiera quedado en Tuxpan, si hubiera logrado hallar un puesto en aquel despacho de ingenieros, si hubiera tenido algún compadre que lo colocara, algún amigo que ya tuviera lugar, si no hubiera terminado la carrera en aquella universidad de tercera con pésima reputación pero que sí estaba dentro de su alcance. Muchos hubieras, claro, y quién sabía qué habría pasado si se hubiera quedado en México, pero eran tantos los ingenieros, licenciados, biólogos y demás que se recibieron para luego dedicarse a cualquier cosa menos su disciplina, que dudosamente le hubiera ido bien.

Aquí al menos ganaba lo suficiente para sostener a su familia, aunque, claro, Ángeles también tenía que trabajar. Y sus hijos iban a tener un futuro mejor, a pesar de la incomodidad de que se les mirara feos, aun siendo norteamericanos, no más por pensar que no debían estar ahí. Tenían la ciudadanía, y eso ayudaba.

Pero qué tal si se hubiera quedado en México y si hubiera ganado un puesto. Caminaría de otra manera por las calles de la ciudad, entraría a cualquier lugar sin sentir que tenía que ocupar menos espacio, en lugar de quedarse callado cuando lo miraban feo podría mandársele a esa persona a la chingada.

Su Neto, su hijo, que nació aquí, podía hacer todo eso. Ya estudiaba él, y con sus hombros fuertes, su pelo chino, su mirada de acero, enfrentaba a la gente y la ponía en su lugar. Era bueno para la retórica; quería ser abogado. Aunque decían que no había ahora trabajo para ellos, ni aquí, en donde se suponía que había tanta oportunidad.

Colocando un bote debajo de la tubería, empezó a desenroscar las piezas. Todo cayó dejando una mata de hebras grises y doradas colgando del tubo. Las fue sacando con un destornillador, dejando que el agua grisácea y pestilente chorreara. La señora ni se apenó.

Su padre le insistió en que estudiara ingeniería, que era la más práctica de las carreras que ofrecían:

—Así tendrás dinero, los ingenieros ganan bien.

Su padre, que se dedicaba a arreglar máquinas de escribir, que año tras año iba perdiendo clientes hasta que ya no hubo ninguno, ese hombre suponía que sabía dar consejos. Para qué lo había escuchado, Ernesto no sabía.

Tanto que le gustaba la música, tanto que quería estudiarla. Pero su padre le desanimó:

—Eres inteligente, buen estudiante, bueno para las matemáticas. No te malgastes.

Aun ahora por la noche, con sus manos encallosadas, punteaba la guitarra, tocaba canción tras canción, sentado en el comedor después de la cena. Los de Albéniz, de Joaquín Rodrigo, algunos de Manuel de Falla. *La fuga 1 por primer tono, al ayre español*, de Gaspar Sanz. Un deleite matemático, circular, trigonometría hecha arte, seno, coseno, tangente, variaciones y permutaciones. Mientras Ángeles recogía la mesa y lavaba los trastes, mientras Netito y Jimena hacían la tarea, Ernesto rasgaba las cuerdas, las punteaba, su frente arrugada por la concentración.

—Ya le hallé la fuga, señora —le dijo—. I found the leak. This washer, we need to change it.

La señora se agachó para mirar desconfiada aún la parte inferior de la llave, poniendo actitud de experta como si ella supiese de qué se trataba. Como si ella supiese si él la engañaba o no.

—I'll change the washer, you'll be fine. I have some in my truck. You wait.

Y la señora con la frente fruncida, los labios apretados, asintió.

—No te malgastes —así le había dicho su padre. Y qué había hecho si no era malgastar toda una vida, arrodillado frente a una gente que no lo apreciaba, pasando horas y horas en tareas que no le requerían ninguna concentración y que dejaban tan poco para la posteridad. La promesa que alguna vez fue él, la promesa que fueron tantos y tantos como él, fugándose del país para terminar en la nada.

Saliendo de la casa, sintiendo el aire repentinamente fresco que le llenaba de pleno los pulmones, viendo en el cielo una nube solitaria y cargada de añoranza, Ernesto tuvo ganas de dejar por siempre su caja de herramientas, su tapete, incluso su teléfono celular, de subirse a la camioneta e irse, de no regresar a componerle la llave a la señora, de no saber ya nada más de este oficio, de irse lejos lejos lejos, de hacer otra fuga aún más bella que la de Gaspar Sanz.

Milagros

Nació cuando su madre ya era tan grande que no esperaba tener otro, cuando los hermanos ya estaban por salir de la prepa, un bultito rosa con la boquita preciosa, los ojos color azabache, la piel de alabastro. Su padre le compró tres jueguitos de aretes; uno de oro, uno de perlas, unos de pequeños diamantes.

Y la madre le trajo al pecho y le dio, asombrada de que pudiese existir. Oliendo el rizo negro y suave que se enroscaba en la cabeza debajo del cual pulsaba una sangre dulce, de olor a avena fina. Y al verla decidieron llamarle Milagros, por la virgencita de Huelva, la patrona de España y de América, que intercedía por todos ellos.

Llegó a una casa bien cuidada, llena de sombras y de plantas, de lugarcitos asoleados, de cojines trabajados, de pañitos de adorno, de muebles de caoba y de cedro, incorporándose a una familia que, aunque no era rica, era de abolengo, habiendo vivido en Tejas desde antes del siglo dieciocho.

—No crezcas, no crezcas —así bromeaba su padre. Lamentaban sus padres cualquier indicación de que fuera a madurar, pues ya sus hermanos se les había desvanecido en esa gran cosa que era el mundo, y a ella no la querían perder.

—Es tu sombra —le decían las amigas a su madre, cuando la acompañaba Milagros a la jugada de lotería que acostumbraban los sábados, y con un pequeño gancho tejía ella silenciosa en el sofá mientras colocaban los frijoles sobre las tarjetas coloridas. No molestaba a los demás, sabía quedarse en las esquinas, estarse quieta.

Berrinches no hubo, ¿y por qué los iba a haber?, si a la niña le daban su gusto en todo.

Si se le antojaba un flan, su madre se lo hacía. Si a ella no le gustaba el epazote, pues no se les agregaba a los frijoles al momento de cocerlos, sino que se servía en la mesa en un platito separado. Si admiraba una tela, al rato la madre de Milagros le hizo una falda de ese mismo material.

Acompañaba a su madre a todas partes, desde chiquita hasta que ya entraba en los treinta, rara vez la veían separada de esa mujer. Que con la cartera delante y la pisada firme caminaba por la ciudad, se subía al camión, hacia las compras. Mujer de fuertes opiniones, de voz algo ronca, de muchas recetas y habilidades, de todo sabía en cuestiones domésticas, cómo bordar, cómo hacer encaje, cómo preparar jocoque, tamales, niños envueltos, volovanes, alta pastelería, y era experta en remedios caseros.

Y esas artes se las pasó a la hija. Le enseñó las rutinas milenarias, el boleado de los zapatos, la masa para la tortilla de harina reposando bajo un paño blanco, prístino, pulcro, la barrida de la banqueta, la regada de los helechos, la trapeada y sacudida, y los rosarios nocturnos, el santiguarse antes de salirse de la casa, antes de acostarse. Hacendosa, acomedida, buena niña, un regalo de Dios.

Bajita, de pelo largo, tan largo que asombraba, largo y ondulado, color caoba, de carita redondita y de ojos tan oscuros que parecían dos pepitas negras, brillosas y alertas. Tenía cara de periquito contento, pillando alegre. Y tenía porque trinar, tan bien la cuidaban.

—Lo que la niña quiere —así decía su padre, mientras la abrazaba—. Lo que mi niña quiere.

Y aun en la adolescencia la llevaba los domingos a la plaza para comprarle su elote.

Aún en esos años de la adolescencia Milagros tenía el pecho plano, las piernas delgadas, el cuerpo redondo, asexual. Y sus padres ni notaron que no le llegó lo de la luna. Ni ella se atrevió a preguntar. El examen médico fue evitado por la buena salud de la niña, y la enfermera de la escuela de tan abrumada que estaba por los embarazos de sus compañeras, por las enfermedades venéreas y los arranques hormonales de los muchos, muchos alumnos, ni caso hizo a la quietecita de Milagros, que también entre los estudiantes la mimaban.

—No crezcas, no crezcas. —Y así quedó, bajita, dulce, aniñada, con la misma voz de chiquilla que tenía a los ocho, nueve años.

Será por conjuro, será por obedecer, pero Milagros no creció ni se fue de la casa. Se quedó con ellos hasta que el papá falleció, hasta que los huesos de su madre empezaron a quebrarse uno por uno y quedó ella en silla de ruedas, sentada hasta el atardecer en el rincón más asoleado del comedor.

Entre el pelo largo y ondulado de Milagros aparecieron algunas canas, su cara de niña se hizo flácida, avejentada. se empezó a encorvar un poco, y sus articulaciones crujían al acostarse en su cama virginal de cobertor blanco de encaje. Siguió, no obstante, la misma rutina de siempre, cuidando los pajaritos en su jaula, tocando sonatillas, haciendo sus trabajos de gancho, de deshilado.

Y con esas manos chicas y suaves, de uñas no largas, pero bien cuidadas y pulidas, manos laboriosas, manos de dama fina, hacía los vestidos para los santos que adornaban el pequeño altar, y con sus labores de antaño pudo sostener a las dos.

Las cuates

Y hay pretexto esta noche, para tomar un poco, para celebrar tantito, para desatarse. Lo reconozco. Pues no todos los días se casa una sobrina tan querida como la Tatis, no.

Adriana, con todo el tiempo que pasó en el baño, pintándose, arreglándose el pelo, anda con demasiado producto, como siempre. Le digo que no use tanto producto, pero no me hace caso, ¿y por qué lo va a ser si sólo soy su madre? Pero usa tanto producto que su pelo, espeso y bello, se le aguada y se cuelga en unos mechones grasosos que ni lucen.

Yo en cambio soy de poco pelo, y lo admito, ya no estoy de tan buen ver como lo estaba antes. Me he engrosado del tronco, mi cabeza como que se puso más gruesa también. A veces veo mis fotos de joven y no me lo puedo creer que soy la misma persona. —¿Quién es ella? —digo—. ¿Adónde se fue?—pero no por eso no sigo yo con mi gran espíritu, y pícara soy, como pocas. Tengo mi personalidad.

Y Adriana también. Salió a mí. Es como yo, no como su hermano que con la boca hecha línea nos mira como si fuéramos de las peores. ¿Y qué tiene que tomemos tantito, una copita u otra, en una fiesta? Si de eso se trata, de festejar. Él sentado, con su esposa flaquilla y apretada, los dos que se convirtieron a esa iglesia bautista evangelista que ya les ha exprimido toda la alegría para la vida.

No sé cómo es mi hijo. A lo mejor salió a Paco, pero no, Paco es más tranquilo. Si no baila, si no toma mucho es porque anda bien cansado y tiene sueño. Se levantó a las cuatro esta mañana para irse a trabajar. Pobre, y en este frío que parece que no se va, que parece que va a quedarse hasta abril. Es lo bueno de trabajar en un salón, las clientes no madrugan, no entro hasta las nueve. Pero hoy no trabajé, y qué mejor, si no me estarían molestando ahorita los pies, con el peso que le pongo encima todo el día, parada detrás de la silla, cortando pelo. Ahorita estoy puesta para bailar y mucho.

Y mi hija, que acaba de romper con el novio, también. Si no hay con otro, que baile conmigo, que festeje conmigo, la cosa es no quedarse en casa, de no ponerse triste. Hay casi un furor dentro de nosotras de celebrar lo más que se pueda, tomar todas las copas posibles, comer y comer. Romper con la rutina del self sacrifice. La escasez, que este año hubo mucha escasez.

Lourdes, mi nuera, sigue sentada con las manos juntas, apretadas, en sus rodillas, una sonrisa tiesa en la cara, una mirada que evita la mía. Que desaprueba de mí no lo dudo, pero no por eso dejo de ser su suegra. Es cosa ya hecha. Por mucho que desee que yo fuera otra, no me podrá cambiar. Je je je. —Salud —le digo, y levanto mi copa.

Y Adriana, ¿qué opina ella? Empieza una canción que me gusta, que me encanta. Me levanto y la jalo a ella. Caminamos hacia la pista de baile, abrazándonos, apoyándonos para no caer. Tanto ella como yo llevamos zapatos de tacón, para vernos mejor, más esbeltas, pero es difícil caminar sobre ellos en este piso resbaloso. Hallamos un espacio junto a las otras parejas, junto a los niños que también se han puesto a brincar, huercos canijos. Bailamos en serio.

Esta noche no somos madre e hija. Somos cuates, amigas, iguales. Somos dos mujeres llenas de vida, de alegría y amor. Y esto de celebrar va en serio, si no, ¿para qué uno nació?

Ya llegaron los mariachis, y los invitados se ponen más atentos, mas obligados a celebrar. Ay ay ay ay, el del violoncelo es guapo, me gusta como sus dedos puntean las cuerdas. —Puntéame a mí —le grito. Y me río, mi rostro escondido en el hombro de mi hija, entre sus mechones grasosos.

Adriana me pellizca, alegre, —Ya, pórtate bien, mamá —me dice, pero sabe que no hay pedo, que no más estoy jugando. Esta noche otra vez me acostaré junto a mi Paco, con su barriga de barril, con sus brazos vellosos y tibios, respiraré al par de él, gozaré de su compañía. Buen hombre mi Paco, tranquilo, tolerante. —¡Mi vida! —le grito a mi marido—, ¡Jamás te dejaré!

Adriana, la pobre, de repente me da el sentimiento, pensar lo que ha sufrido, esa pobre con el novio ese al que desprecio con toda mi alma, pero del que no puedo decir nada, por el temor de que vuelvan a rejuntarse. Ya lo tengo comprobado, la gente se pelea con su pareja, habla mal del otro, uno concuerda y al rato se rejuntan y quedan resentidos por lo que uno se les dijo apoyándolos. Es mejor ser puro oído y nada de boca, no decir nada, nada, nada. Por eso ahora sé que el cabrón ese le pegaba, que le torció el brazo, pero si digo algo al rato cuando viene el cabrón y le ruega y le llora y Adriana otra vez va con él, menos voy a poder decir que me escuche. Ahorita el apoyo que le puedo dar es ayudarle a festejar su libertad, ayudarle a sentirse contenta, bonita, apreciada. Le agarro la mano y damos unos pasos al son de *Bésame mucho*.

Tatis está en la mesa con su nuevo esposo, su vestido poblado de billetes, su velo, precioso, haciéndola verse aún más bella. Linda mi sobrina, más bonita, la verdad que mi Adriana, pero con menos vida, más apagada. Mi Adriana es guapa, trabajadora, buena. Le debe tocar un buen muchacho, uno que la quiera y la cuide, igual que mi Paco.

Mi hijo viene hacia mí, hacia las dos de nosotras que estamos dando giros y giros, abrazadas y nos cuchichea que si ya nos queremos sentar. Que estamos haciendo espectáculo.

—¿Y tú por qué no bailas, hijo? Saca a Lourdes a bailar.

—Lo haré si se sienten ustedes.

—No, yo le sigo.

En una mesa cercana hay una botella de Crown Royale casi llena. Suelto a Adriana y voy por ella. Sin buscar copa, la levanto y tomo un trago. —Salud —digo, pero ahora sin gritar; la salud se la deseo a mí, que, aunque sólo tengo treinta y siete años, a veces siento que soy mayor. Salud, dinero y amor. Y de esos tres, el único que tengo ahora, mirándolo a mi Paco, a mi buen Paco, que está sentado con los ojos cerrados, su cabeza tambaleando del sueño que trae, es el amor.

Esa Silvia

Esa Silvia, esa Silvia. No más llega ella a la mesa en un restaurante, tarde, no por irresponsable sino porque es la única que no pudo salirse antes, y mira a su alrededor. Llama al mesero y pregunta:

—No te importa si nos cambiamos, ¿verdad? Por allí se ve todo mejor.

Y el mesero, pues, consternado, claro, no se lo puede contradecir, y allí las compañeras de trabajo, que ya estaban bien acomodadas, se tienen que levantar, llevar sus cosas, sus platos de sopa, sus ensaladas, el pan y la mantequilla, a la otra mesa, haciendo todo un escándalo. Pero luego, ya acomodadas, ya sentadas, pues sí, el lugar está mejor.

Nota todo, a Silvia no se le escapa nada. Tiende a usar lentes de sol aún en los interiores de los edificios. Su pelo crespo, cortado chiquito para no esponjarse, sus labios pintados rojos rojos rojos.

Silvia siente las injusticias, lo disparejo del mundo, pero no tiene la instrucción para articularlo ni para darles nombre:

—No está bien, no está bien —dice—, está mal.

Y con el tenedor da una brusca cortada al pastel de tres leches.

Pero si le pides explicación no te la puede dar. Se molesta no más, avienta la servilleta y se levanta, jalando el tirante de su bolsa, lo coloca sobre su hombro:

—Vámonos, pero ya.

Es un perpetuo enojo con el mundo, que no le hace justicia, pero no sabe por qué.

Uno pensará que está loca no más, pero deja contar un poco más para que la comprendas.

Tiene cuatro hijos y ninguno estudia. Tiene un marido que se lo pasa, claro, no tomando, pero sí en los cafés con los amigos, una taza de café, meneando el líquido con una cucharita, filosofando a lo grande, decidiendo asuntos al nivel local, estatal, nacional, internacional, y tiene dos hermanos que también viven con ella y esperan que ella haga todo. Pues con razón anda como anda de fastidiada, de enojona. Imagínate no más los montones y montones de calcetines sucios que le han de salir. Y ella que anda de contadora en la contraloría del condado, que eficiente y meticulosamente arregla mil asuntos, sus manos bien limpias, sus lentes colgados de aquella cadena que rodea su cuello. Suspira, sí, de vez en cuando, aprieta los labios y sacude la cabeza, pero ¿quién no lo haría en su lugar? Sus uñas bien filosas, si apenas tiene tiempo para sentarse por la noche a ver sus programas. Y aún entonces es un ir y venir de gente, tantos que ni se escucha la tele. Amargada no es, exasperada, molesta, y ninguna revista le puede explicar por qué. Es tanta la decepción que se tiene. Entra y sale Pedro, como si no tuviera que hacer, como si no hiciera falta que arreglara el baño, pero ahí va…

—¿Qué buscas? —dice Silvia.

—Mi teléfono, ¿lo has visto?

—Te lo encuentro en el comercial. Ahora déjame ver.

Ah Silvia, si necesitas algo, ahí en su bolsa lo trae: cortaúñas, un botón, Tylenol, cinta Scotch. Si no sabes qué hacer, pregúntaselo a ella y con un suspiro y con la mayor paciencia, te lo dirá. Cuando camina está siempre en la punta de sus pies; si se sienta, es más bien que se posa en un extremo de la silla, lista para levantarse, desesperada porque ya se tiene que ir a hacer algo más. Sólo por la noche, cuando se anida en ese pozo que ya hizo en una esquina del sofá, sólo entonces se siente que está en su lugar.

En misa, la ve uno a ella incómoda, consternada. Los rezos se los sabe todos, el orden de la misa, pero mientras todos bajan la cabeza, mientras todos cierran los ojos y como que se van, ella mira a su alrededor de repente confusa. Y es que ¿cómo pueden ellos concentrarse con tanta tos que se escucha, con tanto huerco que chilla, con los crujidos de los bancos y los reclinatorios, con las pisadas de los acomodadores y los pitidos de decenas de teléfonos celulares?, ¿en qué están pensando?, ¿qué es lo que piensan?, quién sabe.

Tan pronto se acabe la misa hay que ir a hacer el mandado. Es lo que ella piensa. Y en su cabeza hace la lista de lo que hace falta. Ahí sí es una fiera, trae sus cupones, va pasillo por pasillo sin perderse ningún especial. Pedro la acompaña porque no tiene de otro, pero ya para el tercer pasillo se escabulló para no reunirse con ella hasta después de que ella haya pasado por la caja. Pedro flaquillo, tantito jorobado, sus manos siempre en los bolsillos. Habla con la lentitud de los del campo, aunque viven ya en la ciudad.

Y luego a guardar todo y a preparar la comida y a pagar las cuentas, lavar la ropa, acomodar la alacena y hacerse la manicura.

Los domingos por la noche, después de sus programas, después de ponerse el camisón celeste de algodón ligero, de untarse la crema, y de acostarse junto a Pedro, que en la cama hace un acto de completa redención, Silvia se duerme y tiene sueños como el que sigue:

Viste ella un overol gris y está haciendo hang gliding, el papalote de alas colores azul y blanco, ella desde arriba observando el mundo verde y limpio, ella, libre de verdad, así en el sueño, excepto que mira para atrás y ahí van colgados de la cola del papalote cinco parientes si no es que más, Pedro, Julia, Denis, la Cuca, todos colgados de la cola y llamándola, pidiendo que por favor baje a tierra.

Bueno ya han de conocer una Silvia. De Silvias hay montones. Son ellas a las que se lo cargan por todos los incompetentes del mundo, los que no llevan ni una pluma encima, los a quienes se les olvida pagar la luz y el agua, los que a fin de cuentas saben que luego vendrán las Silvias a arreglárselo todo.

Pobres de las Silvias, pobres de verdad, pero en misa, mientras todos rezan menos ellas, mientras todos rezan y piden y alaban, es a ellas a quienes Dios ve con ojos llenos de ternura y de amor.

Aquel país desconocido

. . .y ese acto que ni recuerda bien, pero fueron éstas las manos que lo hicieron, estas manos con las que escribía en la pizarra, con las que calificaba los trabajos y composiciones de sus alumnos de la preparatoria, con las que aún juega con su hijo, con las cuales en este mismo momento le da de comer a Bertita. Y qué raro que no esté en la cárcel, al menos ahorita, si saben que estas detenciones electrónicas no son del todo seguras, que Raúl tiene parientes en México, que fácilmente podría huir para evitar la pena que ha de pagar, y debidamente, pues es culpable, lo reconoce, y ya lo dijo el jurado, no más porque con las copas pasó lo que pasó. Él en ese lugar, la garganta ardida por el whiskey, la sal, el aceitito de los cacahuates y totopos en los dedos, las horas y horas, la sinfonola y luego la risa aquella burlona, un comentario punzante, y a él la manoseada y que se molesta y le dice: —No soy puto. —Y entonces el tipo de espaldas y él arriba del tipo y sus manos en su cuello, la furia, la furia aquella, como marea que sube y no desciende. Las circunstancias aquellas. . . no, no esperaba. . . ¿por qué se decidió por ir a aquel lugar y no otro?, ¿porque Beto también coincidió? ¿Qué estrellas optaron por cruzarse?, ¿qué planetas se alinearon para crear esta desgracia?

Y Raúl le mandó a aquel joven, que ni quiso hacerle daño, que más bien pensó que hubo deseo de su parte, a ese joven lo mandó a aquel país desconocido que no verá él sin antes pasar un titipuchal de años en la cárcel. Con una casi caricia, sus manos sobre su cuello, la mirada clavada en la mirada, su boca cerca de la suya, Raúl le decidió su suerte.

Bertita ya acabó su papilla y está jugando con los pedacitos de zanahoria en la charola. Raúl deja el plato vacío, la cucharita plateada, en el fregadero. Agarra un paño y a la niña le limpia la boca, las manitas, y le saca de la periquera.

Aquí está Natalia, los ojos de Natalia, grandes y tratando de no juzgarlo, de quererlo tanto como puedan, a pesar de la evidencia en su contra, no insistiendo ya en su inocencia, pero comoquiera queriéndolo y deseándole el bien. Natalia, con su pelo como una nube oscura que cae hasta los hombros, con sus cejas oscuras y tupidas como cuervos en un dibujo infantil, con su boca de pétalo caído. Por la noche se deja tocar; no voltea el hombro, no da la espalda, y con más urgencia Raúl la toma, sus ojos cerrados, las lágrimas saliendo por las orillas, picándole y dando escozor. Valiente Natalia al encerrarse en la alcoba con él después de lo sucedido. Y su mamá también, incambiable, fuerte, dolida, apoyándolo tanto como puede. La familia, uno siempre cuenta con ella.

El instinto, condicionamiento, hombría, el miedo, ¿qué mezcla nefasta lo embrujó?, ¿quién le quiso hacer este daño? Él, tan destacado en la escuela, tan tranquilo, ¿quién sospecharía? ¿En qué parte de sus huesos se forjó esta capacidad de matar? Ya no se ve en el espejo como lo hacía de niño cuando de repente quería saber de sí. Ya no, pero cuando de chico se miraba nunca veía indicios de esto.

Hay que cambiar a la bebé, bañarla, pero Natalia, al pendiente, toma a su hija de sus brazos y se encarga del siguiente paso. Raúl se ha dado cuenta de que, por estos pocos días que le quedan en casa, lo vigila no sólo el Estado con la tobillera electrónica, sino también Natalia y su madre, que no lo dejan demasiado tiempo con sus hijos ni lo dejan solo. No vaya a pasar una nueva desgracia.

Cuando se muera Raúl ¿estará Beto esperándolo del otro lado? ¿Le ayudará a adentrarse a ese país? ¿Le servirá de guía? Todo se perdona y no importa nada después de un tiempo, cuando ya no hay tiempo en el tiempo todo se vuelve irrelevante, incluso quién te trajo ahí.

En el juicio aprendió de Beto, que era fisioterapeuta, que vivía aún con su madre, que ayudaba en una cocina para los sin hogar. El fiscal lo pintó tan bien que más dolor y remordimiento le dio a Raúl haberlo matado. Ya no había manera de instarle simpatía al jurado, que a Raúl lo vieron con malos ojos, no importaba cuánto lloraba. Su abogada le aconsejó que no subiera a defenderse, que era mejor que lo defendieran sus parientes, sus compañeros del trabajo, su sacerdote y sus amigos de toda la vida. Atestiguar era demasiado riesgoso.

Y no tenía cómo defenderse. Más bien era algo, una parte de él que lo sorprendió. Bestia, animal, monstruo. Luego qué cosa ser esa bestia hinchada, ese monstruo vestido de traje, sus mancuernas bien puestas, la corbata ahorcándolo, delante del jurado. Extrañado. La sensación de distancia, de estar ahí pero no, de estar en el aire o en un aire suspenso, lleno de electricidad, con los sonidos del salón del juzgado a lo lejos, reverberantes.

La sentencia no fue tan dura como se lo esperaba. No le dieron la de por vida, por factores mitigantes, pero la misericordia provenía del juez. El jurado no dio cuartel.

El corazón de Raúl late y late, tambor constante y ubicuo, insaciable, interminable.

No se le ocurre quitarse la vida. No. El aire entra en sus pulmones con gusto, enciende la sangre, remarca la gloria de levantarse todos los días, de escuchar el ruido de los coches, el movimiento de la ciudad. Ver pasar a la señora con su taza de Starbucks, caminando con cuidado, cruzando la calle sobre tacones precarios, evitando el charco de agua de lluvia que se hizo en la madrugada, ver un pájaro en un vuelo en forma de arco posar sobre la banqueta. No, no se le ocurre quitarse la vida. Por mucho que lo vigilen, eso no pasará.

Quizá encarcelado aprenderá a vivir de sus recuerdos, cerrar los ojos y convocar los días de la juventud, los primeros años de casados, el peso de sus hijos en los brazos, el ruido del mar. Quizá con eso le bastará hasta la muerte. Y Beto le dirá si después, en aquel país desconocido, se puede todavía uno recrear en la memoria o si los recuerdos mismos desvanecen. Beto, su espíritu afín, con su rostro dulce y tierno, que lo acompañará seguro por ese paso. Lindo Beto, esbelto y fino. Su Ariel a su Calibán. Su guía y asesor, que como en vida será de ayuda y socorro.

Su padre murió hace tanto que es para él una sombra nada más, incapaz de palabras, privado de voz. Tan poco lo conoció que duda que le importe. No, Beto, Beto será su sostén. Como a sus pacientes lisiados lo recibirá, le dirá qué hacer, le dará instrucciones y ánimo, y así podrá aguantar todo.

Natalia pasa con Bertita en sus brazos, envuelta en una toalla, su pelo mojado, su cara con un mohín de sueño y placer. La sigue Raulito, también mojado y gustoso, con la toalla alrededor de su cuello y colgando atrás, como capa. Es el rey de la casa, arrogante, señorial; con los pies descalzos marcha hacia la recámara. De frente grande, redondeada, de ojos negros y rizos alegres, exige a su madre el piyama de Spiderman.

¿Por qué no fue directo a la casa?, ¿por qué desde su salón de clase se le ocurrió ir a aquel bar? Ni caso tuvo emborracharse, comoquiera no dormiría bien. Tenía días sin hacerlo, pasaba horas cada noche trabajando en la computadora, viendo viejas películas de Jorge Negrete con el volumen puesto bajo por su familia dormida, tratando de no despertarlos. Pero algo lo trajo ahí. El querer evitar el bullicio y desorden de la hora de cenar, los fastidios cotidianos de su casa, el deseo de no ver ni trastes sucios ni pañales ni ropa tirada. Un deseo de algo más que lo esperado, lo predecible. En la parte de afuera del bar hubo un mural de mujer en biquini, adentro música norteña y mesas desiguales. Los totopos roñosos, la salsa pasada, un mostrador mal lavado, la alfombra manchada.

Conjuros, fatalidades, cosas sin explicar.

¿Cómo se mata uno?, ¿con qué implemento?, ¿y dónde? No

quisiera él alterar la paz de su hogar. Mejor esperarse, y una vez en la cárcel simplemente ofender a algún prisionero fornido. Uno capaz de hacerle el daño necesario. Ese era el plan.

Pero luego el trino de un pájaro, o el patrón de sol y sombra sobre el patio del reclusorio. No, a aguantar y aguantar.

A aguantar estar en su misma piel, en saberse lo que es, en no saber cómo superarlo. Esa bestia que trae adentro es un peligro, capaz de surgir en otro momento, en hacer otro daño otro día. El alcohol no fue; el alcohol alegra a tantos, los hace cariñosos, cantadores, bailarines, revela su naturaleza más humana. Sólo a él descubrió un monstruo. Sobre el cuello de Beto dejó marcas, sobre el hombro del joven una mordida que arrancó la carne y descubrió el hueso. Así fue él de sanguinario. Su pecho sobre el pecho de Beto, las piernas enlazadas, un abrazo furioso y mortal. La bestia no es ajena a él, no es algo que lleve dentro, la bestia es él.

Entra Raúl a la recámara de sus hijos, Natalia está en la cama de Raulito, con un libro abierto. Se acerca Raúl a los tres, se inclina y husmea el pelo de Bertita y luego el punto exacto en donde se junta la boca a la mejilla. Respira el aire que sale de su boca. Luego va a Raulito y, apretando el hombro de Natalia, le da a su hijo un beso.

—Buenas noches, hijitos —les dice y se va.

El cuerpo humano

Lore traza con los dedos el contorno del útero, de la vulva, de la vagina en las páginas del libro. Estamos sentadas entre los estantes de la biblioteca pública Ida. B. Wells y hojeamos el libro de anatomía, mirando los dibujos de colores vivos pero feos, un morado color hígado, una rosa asquerosa, como el color de la carne mojada, babosa, debajo de la lengua. Lore, atentísima, absorta, sigue sus trazos:

—A mi hermana le pidió una amiga que la golpeara en el mero vientre. Quería abortar. ¿Funcionará?, no sé, pero qué horror.

Vuelvo los ojos e imagino un ser dentro de otro, una pequeña lagartija, no bonita, no, monstruosa, del mismo color hígado de las ilustraciones del libro, flotando encrespada en un líquido del color de la bilis, acechando, lista para arruinarle a una cualquier plan para el futuro, para chuparle todo, como la criatura de *Alien*.

El cuerpo de Lore es amplio, mientras que yo soy aniñada, mis huesos tan delgados que parecen transparentes. Yo casi no como, pero ella sí, devora. En cada momento está con las manos ocupadas, con una bolsa de papitas, con chicharrones, donitas de azúcar glas, y gansitos Marinela. Con eso se le han ido inflando los pechos. Enormes son, espantosos, una carga para ella que nunca menciona ni menciono yo.

La biblioteca es grande, de altos ventanales, de espacio limpio con un atrio amplio pero acogedor. Pasamos horas y horas ahí, en el verano por el aire acondicionado, en el invierno, por la calefacción. Nosotros y muchos más, los indigentes, claro, que con sus bolsas abrazadas dormitan durante las horas de servicio, pero también familias enteras. Somos Lore y yo de aquella vecindad de árboles grandes, de casas chicas de madera, la vecindad a la que, cuando hay inundación, cuando los ríos se desbordan y dejan al retirarse su fango y lo rastreado, siempre le toca lo peor. Luego las calles se llenan de colchones enmohecidos, de muebles arruinados, los habitantes repentinamente visibles se saludan mientras rescatan lo que puedan, mientras ponen al sol sus objetos queridos, tratando de no perderlos por completo. Esa vecindad queda tan cerca de la biblioteca que es ésta para nosotros un segundo hogar. En la esquina más alejada de la recepción, del mostrador, Lore y yo nos instalamos en el piso, nuestras mochilas a un lado, y miramos los libros que queramos, sin que sepan los demás. Ahí leemos manga, revistas y miramos los libros grandes e ilustrados que evocan lugares lejanos, que muestran obras de arte antiguas, pero esta vez no lee Lore ni una manga ni un romance, sino que ha sacado este libro desagradable. Ahora Lore está en la otra página en donde se ve un escroto, testículos y un pene lleno de venas y conductos, vuelve su dedo a trazar y yo siento compunción.

—Vámonos, ¿no? Mi mamá me dijo que regresara antes.

—Espérate.

Lore tiene el pelo cortito, negro, y una boca pequeña y muy definida. Junto a la boca tiene un lunarcito, negro, negro. Sus ojos son chiquitos, todas sus facciones lo son. Por eso la sorpresa de su cuerpo cuadrado con los enormes pechos. Expide ella un olor a menta, a yerba cortada. Tiene dos camisetas que va turnando. Una anaranjada, la otra café y de rayas. Hoy trae puesta la color café. Lore es lista, saca buenas notas, lo sé. Nunca habla de su casa —bueno, nadie lo hace —, pero sólo una vez he entrado y lo que noté fue un uniforme de Burger King sobre el sofá y una cocina casi desprovista de comida.

Del bolsillo del pantalón Lore saca un botecito para lip gloss. Se unta los labios y me ofrece el bote abierto. Yo tomo tantito en la punta del dedo y acaricio mi labio superior. Sabe a frambuesa, ácida, pero dulce.

Lore deja el libro grande a un lado y toma otro texto médico, éste más grueso, de menos ilustraciones, de un texto tupido de frases largas. Busca en el índice de atrás alguna palabra y luego encuentra la página indicada. Sus cejas se juntan mientras lee. Yo volteo y del estante a nuestras espaldas saco un libro, que es de viajes. En la isla de Corfú hay varios hoteles de renombre, uno el Hotel Fénix, en donde uno puede sentarse en la terraza a la hora de la puesta del sol y, bajo los olivos, bajo los cipreses, disfrutar de un licor llamado ouzo, con sabor a anís. Las aguas del mar Adriático son de un color azul turquesa, limpio, casi irreal, pero por la tarde se vuelven oscuras, púrpuras. Las casas en Corfú son cuadradas y de techo plano. Entre las calles estrechas, después de un buen desayuno de café y bollos dulces, el peatón puede hallar templos, pequeñas iglesias de la religión Greek Orthodox, en donde lucen unos íconos bellísimos, foco de piedad, pero también de adoración. En la página se ven algunos.

Lore no vive con sus papás sino con una familia que hace de foster family, que recoge a los huérfanos y niños sin hogar y por un estipendio del estado, los cuida como si fueran parte de la familia. Esto lo sé no por Lore sino por la hermana de Lore, a quien le pidió su amiga que le ayudara a abortar. Esa hermana es hermana de Lore de verdad, no de foster, pero no se parece a Lore en que es como más dura, más despierta, el pelo largo, la parada abierta y hombruna. Siempre está masticando chicle, y en lugar de ir a la biblioteca se queda en la esquina del Sac n Pac. La veo constantemente con su vaso desechable enorme, lleno de Dr. Pepper, y con su amiga Felicia, que a lo mejor es la que está encinta.

De repente Lore empuja el libro en mi cara:

–Mira no más, mira.

En una foto en blanco y negro hay una mujer de ojos tristes, la boca seria y sufrida. Su cuello está hinchado tanto como si fuese un sapo y en medio de la garganta hay una bola enorme como si se le quedara atorada una toronja.

—¿Cómo se dice eso en español? ¿Bocio?

A Lore le fascina ver fotos de este tipo, de condiciones raras, de fenómenos, pero a mí me ponen triste, sobre todo porque casi siempre son fotos de hace años, de los años, no sé, treinta, cincuenta, y uno siente que no se puede hacer nada ya por ellos, que están atrapados en un destino de lo más solitario.

Vuelve a hojear el libro, otra vez, con seriedad. Endocrinología. Qué palabra.

Cuando salimos de la biblioteca, ya para las seis y media, porque tengo que estar en casa para la cena, que en mi casa es a las siete, el sol se está poniendo y el aire es un poco fresco. Los carros zumban y zumban al pasar junto a nosotras que cruzamos el puente sobre un río que nos murmulla sin que lo miremos. Mi mochila no pesa tanto como la de Lore, que va cargada de libros gruesos. Pienso si ella busca en ellos la explicación de por qué está viviendo así, con una foster family, en lugar de con una familia de verdad.

Tal vez sea eso, tal vez sea otra cosa. En la secundaria los muchachos se agrupan en el patio, hacen comentarios. Yo no soy de interés, pero Lore, sí. Camina con los libros en los brazos, con la cabeza alzada, desafiante. No los busca a esos grupos, pero tampoco los evita. Tiene tanto derecho como ellos de pasar.

Los íconos de las iglesias ortodoxas son bellos, dorados, mujeres, niños, madres, señores de ojo bordeado de negro, de nariz recta y boca cerrada, los labios pétalos. Son planos, de vestimenta azul y rosa. Finos, sin sexo, el cuerpo inexistente, sólo tienen rostros, vestidos y manos. Son libres de hormonas y de deseo, libres del peligro de atraer la atención no deseada, de la enfermedad y el embarazo, de la extinción. Eternos, incambiables, son una ventana hacia el cielo. En nuestro pueblo no hay ninguno.

El fango de la última inundación todavía no se seca y en una esquina, en un terreno baldío, está un sofá abandonado, sus cojines ennegrecidos con moho. Lo pasamos dirigiéndonos a la calle Flowers. Es la calle donde vive Manolo, un compañero de clase. Lore apura su paso tantito, la cabeza adelantada. De su mochila cuelgan la llave de su casa y un osito koala. Llegamos a la calle Ébano. En casa de Lore no hay ni una luz prendida. La dejo frente a su puerta y voy hacia la mía.

El último chile

Se escucha el bajo rugido del motor, el brusco escape del aire de los frenos, señal de que acaba de llegar otro autobús. En un minuto empezarán a bajar los pasajeros, lentos, aturdidos, algunos bostezando, e irán caminando, no muy directos, con una curva que les da el sueño y la desorientación, hacia el restaurante. Entrarán y verán la caja con su mostrador tupido de dulces mexicanos, de cocadas, biznagas y alegrías, de banderitas de México, de velas para el rezo, y estatuas de San Judas Tadeo. Darán vuelta a la izquierda para entrar al salón principal, con sus mesas y sus sillas, sus bancos cubiertos de vinil rojo, y el aparato que es el bufet, un animalón de metal, humeante, plateado, sobre el cual brillan luces y los reflejos de los vidrios de los guardaestornudos.

De ahí se dispersarán en grupos, una pareja, dos muchachos, una familia completa. Muchos cargarán bolsas del mercado con sus asas grandes, con sus patrones de cuadrados, bolsas repletas de ropa, de paquetes, de cosas para el viaje, comida para regalar, ates de membrillo, las glorias de Linares y turcos, esas empanadas de carne seca que hacen en Monterrey. Tomarán asiento en sus respectivas mesas, y Gaby les repartirá los menús.

Dice un tío de Tomasino que antes, cuando trabajaba en México, comprando y vendiendo camarón al mayoreo y menudeo, muchas veces acompañaba a los pescadores, gente de campo, a los restaurantes. Y estos señores, que con su desconcierto revelaban que no tenían la menor idea de qué hacer, cuál era la rutina para ordenar, no miraban el menú, sino que siempre pedían lo mismo. Bistec ranchero. Así de faltos de experiencia parecen algunos de los clientes, sobre todo los que llegan en estos autobuses que tan hábilmente ha logrado Tomás que paren aquí, dándoles a los choferes no sólo la comida gratis sino un extra por lo que consumen sus pasajeros. Y es lo que muchos piden: bistec ranchero. Pero Gaby, la mesera de siempre, también les señala que, por unos dólares más podrán servirse todo lo que está en el bufet, y que no tendrán que esperar tanto. Estos clientes miran hacia el aparato ese, parpadeando ellos por la luz fuerte que ilumina los platillos ofrecidos, y dicen que está bien, que sí, y se levantan a servirse.

Arroz a la mexicana, caldo de res, calabacitas con elote, frijoles refritos y a la charra, tortillas de maíz y de harina, carne adobada, puerco en salsa verde, pollito deshebrado en salsa de mole, pescado a la veracruzana, rajas con cebolla, bistec ranchero y chiles rellenos, aunque estos últimos no duran. Para la una ya se fue el último chile. Los sábados hay menudo, los domingos, barbacoa.

Vale la pena para ellos pedir el bufet, y más vale al restaurante que lo hagan porque el chofer sólo les da veinte minutos para comer y subirse de nuevo al autobús antes de partir, de manera que muy pocos logran repetir. Algunos, incluso, lo ha descubierto Gaby, dudan en hacerlo, pensando que si lo hacen se les vuelve a cobrar. Además, no son ellos sabios para escoger. Tan acostumbrados están a comer a lo barato que llenan sus platos de arroz y frijoles, que están en el principio, junto a los platos y los cubiertos, y no dejan lugar para lo caro, para la carne y el pollo, ni para lo laborioso de preparar, que son los chiles, y que van casi al último.

Y así cada autobús repleto de pasajeros deja una buena margen, lo suficiente para que Tomás el dueño pueda manejar un Charger nuevecito y para que pueda patrocinar todo un equipo de béisbol de Little League. Tanto que, aunque Tomasino estudia, sabe que no tiene de qué preocuparse, que dinero tendrá, que no tendrá que trabajar para otro.

Tomasino está sentado en la mesa de mero atrás, la que no se usa a menos que se requiera. Desde allí ve la tele, la que siempre está prendida. La otra a veces se apaga, pero aquélla no. Algo dice el conductor del programa y Tomasino suelta una risa alegre, despreocupada. Para Tomás, que Tomasino no le sabe muy bien jalar, que nunca supo lo que era el hambre y por lo tanto no tiene ese miedito que come los huesos y que impulsa a uno. Critica Tomasino las cosas más bobas: los manteles de plástico, el aspecto de los menús. El restaurante ha ido creciendo. Comenzó como puesto de carretera, y poco a poco le han ido agregando y por lo tanto hay partes en donde los mismos adornos siguen desde que se abrió el lugar, y éstos tapados por otros. No hay orden, pero sí lo hay, el orden que da el tiempo y la costumbre, que da la historia de un lugar. Ni modo de quitar ese cuadro del Popocatépetl que le regaló a Tomás una tía hace quince, veinte años, ni modo de bajar las hojas de papel picado que puso sobre la caja la misma esposa de Tomás, Angelita, el día de la inauguración. No tendría corazón Tomás para semejante blasfemia. Pero Tomasino se burla del decorado, a él le da pena invitar a su nueva novia a comer ahí, a presentarla a sus padres. El muchacho se cree, quién sabe qué se cree.

No, buen muchacho es. Va al restaurante; los sábados y domingos y los días que no tiene clase nunca falta, aunque casi siempre llega tarde. Revisa los cocidos, husmea en el refrigerador. No se mete en la caja, eso su padre se lo tiene prohibido, ni se enfrenta a Paco el cocinero, que siempre está de mal humor, pero sí se fija que si salió bien la salsa, que si llenaron los servilleteros, los saleros y azucareros. Hace sugerencias a Gaby, quien lo escucha con suma paciencia, con una actitud sumisa y a la vez irónica. Gaby tiene casi desde que Tomás abrió el changarro, a Gaby que no le digan.

Los pasajeros son predecibles y no. Hay muchos que son iguales y su plática, al escucharlos Gaby al llenarles sus vasos de agua, al darles más café y Tomasino desde la mesa más alejada, e incluso Tomás o Angelita desde la caja, es semejante. Hablan de los encargos que le hicieron sus parientes y amigos, de lo que van a tener que aguantar al llegar a su destino en calidad de visita, de las compras que harán, del trabajo que habrá. Ven mapas, consultan documentos, revisan sus bolsas una y otra vez a veces con el apuro de quien piensa haber perdido algo, el suspiro de alivio al hallarlo otra vez, y comen lo más rápido que puedan. Pero ha habido otros más ambiguos en su manera de ser. Dos jóvenes con chamarras gruesas, a pesar del calor que hace, que no se las quitan y que las abren tantito, bajando el cierre no más lo suficiente para poder espiar lo que hay entre la tela y su pecho. Un hombre de treinta, treinta y cinco años, de cabeza rapada, de músculos duros, con dos muchachas guapas, muy pegadas a él, las dos de buen ver, de pelo largo, pero vestidas de una manera media indígena, media a la antigua, su caminar cuidadoso sobre tacones de corcho gruesos, él guiándolas por el lugar, sin dejarlas ir ni al baño solas. Parado él enfrente de la puerta, esperándolas.

Y la señora que llegó con su esposo pero que luego un pleito hubo. Una muchacha llegó, una casi bonita, de labios pintados y arracadas, con una blusa lila, una falda estrecha y negra, oliendo ella a perfume, y se sentó junto a él y luego se fueron el esposo y la muchacha. La señora se sentó horas y horas en el lugar, sin saber qué hacer, ya sin comer ni tomar nada. Era casi la hora de cerrar y Gaby iba limpiando mesas, acomodando las sillas, haciendo los últimos quehaceres de su turno, pero unos minutos antes del momento de voltear el anuncio de OPEN, la señora recogió sus cosas y se fue.

Gaby, la de siempre, la que más trato tiene con los clientes, toma un trapo y limpia alrededor de las charolas plateadas, lo que han tirado los clientes, que son muy torpes al servirse, pero pues, tampoco tienen práctica, con los cucharones esos, con la superficie caliente por el vapor. Hay un solo chile relleno en la charola a la derecha. Ya va a ser la una. Le pedirá a Paco, el cocinero, que haga más, pero ya sabe su respuesta. A quién le irá a tocar ese último chile, de éstos que van llegando, sólo Dios sabrá.

La Panadería Carmen

El olor al buen pan, las charolas plateadas, las conchas con su azúcar blanca y rosa, los cochinitos, ¡ay!, ¡qué ricos los cochinitos!

La balanza y las bandejas para meter los bollos al horno, la masa que reposa, tranquila, viva, doblándose a un paso casi imperceptible.

El tintineo de la campana en la puerta cuando uno entra, la necesidad de madrugar para comenzar el proceso, el coche de uno el único coche en la calle, en el estacionamiento detrás, uno el único peatón en la calle, buscando la llave en el bolsillo, abriendo la puerta, con el friecito de la madrugada alrededor, con los faros de la calle aún encendidos. Despierto antes de los mismos pájaros que silenciosos dormitan en las ramas del álamo que asombra el estacionamiento de atrás.

El deseo de hacer algo nuevo y la respuesta recalcitrante de la dueña, con sus lentes cafés de forma de ojo de gato posadas sobre la nariz, el pelo recogido en un moño tan compacto que sería intransitable:

—Hazlas como siempre, a los clientes no les gustan los cambios.

Pero comoquiera él logra sneak in algunos cambios, agrega tantita más vainilla a la masa, el diseño de la azuquita arriba de las conchas lo cambia un poco. Pero una vez intentó preparar unos rugulah, como se veían en el Internet, y fueron deliciosos, pero los clientes preguntaban: —What's that? ¿Qué es eso? —sus narices arrugadas, sus ojos intrigados. Al final del día tiró casi la charola completa de rugulah a la basura.

Son unos tiranos sus clientes. Quieren o conchas o marranitos u orejas, pero si él hace una de las múltiples variedades de panes que conoció en ese viaje a México pero que aquí en Tejas nunca han visto, es un desperdicio.

Sí, fue a México una vez, y ahí hizo un viaje especial a la Pastelería El Globo en la calle Hidalgo de Coyocán. Y era el asombro, un lugar espacioso, y había de haber cientos de variedades de pan, las charolas limpísimas, todo con espejo y con música, pastelitos de hojaldre, volovanes, queques anidados en un papel rojo ceroso y translúcido, niños envueltos con relleno de cajeta, roscas, besos, cocoles, bigotes, y cuernos.

Las manos de Abelardo son fuertes, los dedos firmes por la amasada, por los movimientos intricados que requieren las trenzas, los moños daneses, sus brazos y espalda tupidos de músculos por levantar los sacos de harina, por menear la masa en esos tazones de aluminio. Empuja el carrito portabandejas hacia los hornos, levanta la pala para sacar el pastel. Hay un ritmo, un placer, la costumbre corporal, la delicadeza de adornar con una rosita de betún un pastelito napolitano.

Empezó a trabajar ahí porque hubo el anuncio en la puerta, cuando todavía tenía planes de estudiar, cuando creía que la iba a hacer, sus padres tan orgullosos, pero luego llegó la carta del dean diciendo que estaba en academic probation y luego un semestre después la siguiente carta de que no obtuvo las calificaciones necesarias para seguir en la universidad. Uf, hace cuánto tiempo, quince, veinte años. No le dijo nada a sus padres, se tardó, no más siguió trabajando, viviendo en el mismo departamento de siempre, en aquella casa de madera cerca de la plaza. Seguía yendo a las fiestas que hacían los estudiantes hasta que llegó un momento en que se dio cuenta que era siempre el mayor del grupo. Luego pasó sus noches en el billar, junto a otros como él, hombres silenciosos y tímidos que necesitaban la estructura de un juego para poder convivir, para poder intercambiar algunas frases sin caer en el pánico.

Le place más estar solo, entre sus batidoras eléctricas, entre los hornos y los botes de plástico, disfrutar su segundo café del día mientras la masa reposa, salir y entrar de la cocina para tratar con gente sólo la rara vez en que falta Mónica, la dependiente. Mónica, que está casada y con tres hijos, y si no fuera por eso sería su gran amor.

Abelardo es la inercia, su vida se rige por la inercia. Cayó en ese trabajo, y aquí continúa; pasó por aquel billar, y lo sigue frecuentando; se enamoró de una mujer ya casada y muy recta y católica, y de esa situación tampoco se escapa. Por la ventanita que hay en la puerta entre la cocina y la tienda, puede él ver a Mónica, casi todo el día, pasa Abelardo casi más horas con ella que su misma familia. ¿Por qué se va a ir?, de aquí no se irá jamás.

Mónica, de manitas, de piecitos chiquitos, chaparrita pero proporcionada, su pelo caído hasta los hombros, sus ojos pintados, su olor a azahar de naranja, y a crema de rosas, a almendras. Termina de atender a un cliente, y se reclina contra la mesa de atrás. A veces le ayuda a Abelardo a empacar los bollos. Los días de mucho trabajo, como el de Reyes, le ayuda en algunas tareas. Adorna las roscas con sus trozos de citrón, sus mitades de nuez bien colocados en un patrón conocido y ordenado, como joyitas en una corona real. Sus dedos finos se deslizan sobre el pan que amasó Abelardo, acariciando lo que tienen en común.

A veces Abelardo prepara alguna cosa especial y le convida a Mónica una parte, pero así, no muy seguido, para que ella no se dé cuenta que el gesto no es capricho. Casi por accidente le dice:

—Hice un pan de queso manchego con jamón, ¿quieres?

A Mónica la ha visto embarazada, la ha visto con un nuevo bebé en brazos, la ha visto agripada y a ratos de mal humor. Comoquiera le ha gustado.

La finura de Mónica se extiende a todo el negocio. Su elegancia de mujer de buena familia le da un toque a todo lo que hacen ahí. Abelardo mismo, que de su departamento mal cuidado y sus batas empolvadas de harina y de trozos de masa y de los hábitos no siempre sanos de un soltero, se ha vuelto más limpio con su presencia. Se corta el bigote, se lava muy bien los dientes y usa enjuague, se cuida de usar tenis impecables. Su coche lo mantiene más limpio, sólo por el temor de que Mónica vaya a espiar en su interior algo que le disguste. Y aunque nunca fue de mucho maldecir, ahora cuida su lenguaje.

Hay clientes que caen bien y otros que no. Hay quienes llegan y con el respeto debido toman las pinzas y se sirven, van a la caja, en donde Mónica toma con otra pinza sus panes y los acomoda en la bolsa, marcando al mismo tiempo en la caja el costo de cada uno, y pagan, con la orden y actitud que uno tiene al ir a misa. Hay otros que llegan con niños exigentes y malcriados, y se teme que el huerco va a tumbar toda la bandeja de chilindrinas, que va a tirar un pan y recogerlo y guardarlo con los otros sin ser percibidos, y uno tiene que actuar como si no se diera cuenta de que ya todos estos panes no sirven para la venta, que el niño feo estropeó todo. Hay otros clientes que llegan y quieren un descuento, como si ellos tuvieran algo de especial, como si por ser ya grandes o necesitados ya uno tiene obligación de regalarles precio en una dona que hasta les ha de hacer mal. Y hay los clientes que coquetean con Mónica y suponen que ella por estar ahí detrás del mostrador lo tiene que aguantar. Un viejo al que más detesta Abelardo, un viejo de aquellos que se arreglan bien y que andan por la plaza durante las horas de trabajo, aparentemente sin nada que hacer, aunque no es todavía de la edad de jubilarse, a ese viejo Abelardo lo detesta.

Una panadería es buen lugar para la broma, para el albur. Hay tantas cosas dulces, cosas sabrosas, y se pueden mencionar y a la vez referirse a la que escucha detrás de la caja y reaccionando se sonroja. Y frente a un albur es difícil que la mujer enseñe que entendió el doble sentido y que lo siente como una agresión sin que ella descubra que no es tan inocente, y que también sabe del sexo. Y siendo ella dama nunca debe mostrar eso. No, no es tan fácil trabajar en una pastelería, al menos no siendo tan atractiva como lo es Mónica.

Abelardo sufre cuando entra ese viejo. A veces sale y con los brazos cruzados se para en una esquina tras el mostrador mientras el viejo escoge su pan. Eso sirve, le parece a Abelardo, para que no se chifle tanto. Siente Abelardo como las pantorrillas de Mónica se tensan cuando la campana suena y es aquel viejo quien entra, siente también Abelardo cuando el viejo se va, y sus pantorrillas se relajan y con un poco de crema Jergens Mónica parece limpiarse del malestar.

Pero el viejo bien sabe cómo andar en esa región filosa entre el juego y la agresión, de manera que no se le puede acusar de nada, de manera que puede seguir frecuentando la tienda.

En el trabajo Mónica no menciona a su esposo, rara vez habla de sus hijos. Es para ella la pastelería como un descanso de su otra vida, un respiro. Si hablan Abelardo y Mónica de algo, es de las noticias, del tiempo, de algún programa de televisión. A Abelardo no le gusta ver la tele, pero a Mónica sí, y le gusta contar a Abelardo los detalles de la novela de las nueve de Univisión. Habla para informar a Abelardo, pero también para entretenerse en esas horas largas de la tarde cuando no viene ningún cliente. Repasa en la memoria el beso que le dio Joaquín a Jimena, las maldades y desaires que sufre Jimena por parte de la futura suegra de ella, pues ya se sabe que Joaquín y Jimena al final se van a casar. Habla no tanto para informarle a Abelardo sino para pasar el tiempo y llenar el silencio que cuelga en el aire.

A las dos termina el turno de Abelardo, pues llegó a las cuatro de la mañana. Para esa hora trae un sueño rico, y la voz de Mónica le medio arrulla y tranquiliza. Para esa hora ya tiene la nuez picada y guardada para la siguiente ronda, ya tiene los pasteles embetunados, y cuando se le ha pedido el nombre y el Happy Birthday lo ha puesto con betún en la tapa del pastel. Gustosamente se quedaría más tiempo, pero hacerlo extrañaría a Mónica. Con un hasta mañana se despide de ella, y al cerrar la puerta escucha el tintineo de la campanita.

Un día como a las once, un día mojado y lluvioso, cuando Abelardo acaba de meter al horno dos bandejas de conchas, sale de la cocina para pasar un rato con la compañera. Mónica abre un gabinete debajo de la caja y saca un bote de crema Jergens que guarda ahí. Se unta un poco de la crema en las manos y espía por el ventanal:

—Dicen que va a haber tornado. Me lo dijo la vecina, la de la tintorería.

Ven los dos el cielo que está color gris y púrpura, aun siendo de día. El viento se escucha feo, y hay hojas negras en el aire, volando en torbellinos sobre el pavimento mojado.

Mónica prende la radio que queda cerca de la caja, una radio que rara vez ponen, porque a la señora Carmen le preocupa que no guste la música que escojan a los clientes, sobre todo a los clientes gringos, a quienes no les gusta ni la música de conjunto ni la música en español. Mónica la prende solamente cuando el silencio es inaguantable y cuando saben que no vendrá la señora Carmen, los días de su jugada y el día al final de mes, cuando hay que hacer las cuentas con el contador Ugalde.

La radio la ponen en la única estación en donde se escucha el noticiero y esperan. Mónica mira otra vez su teléfono, a ver si ahí le dicen algo, pero los warnings no han variado desde el amanecer. Y, total, tornado watch, tornado warning. ¿Cuál será la diferencia?

Suena un teléfono celular. Mónica lo saca del bolsillo de su delantal y lo trae a la oreja:

—Sí, mamá —dice—. No, mamá.

Aplana un botón y hay un poco de silencio, luego voltea y mira a Abelardo:

—¿Y en dónde nos debemos poner, si es que viene el tornado? ¿Qué lugar sería bueno? ¿Entre los dos refris? ¿En la alacena mayor? No quiero estar aquí, donde los vidrios.

Sigue el cielo color púrpura y de repente se escuchan como golpes levecitos sobre el techo. Rebotan sobre el pavimento unas cositas que tardan en reconocer, granizo. Abelardo piensa en su coche, en el de Mónica, pero ya no hay nada que hacer.

Mónica respira agitadamente. Los dedos los tiene posados como si fuesen las plumas de un pájaro asustado. El viento hace que se doblen los árboles de enfrente. Ya pasó la ráfaga de granizo, tan de repente como se vino, pero hay ahora en su lugar un rugido inusitado.

—¿Y si cerramos y nos vamos?

—Es muy tarde para eso. Mejor vente. Buscamos un lugar.

Abelardo entra a la cocina, y le sigue Mónica sobre sus taconcitos de suela de goma, zapatos buenos para estar de pie, pero que no serían monos puestos en otra mujer.

Abelardo camina con pasos largos y apurados, buscando lugar. En la cocina no hay tanto ventanal, sólo los vidrios rectangulares, anchos y pocos altos cerca del cielo, empañados por no limpiarse y por la condensación que se debe al calor de los hornos, pero ni esos vidrios quiere Abelardo. Abre la alacena grande, la que tiene suficiente lugar para que los dos entren, la que usa Abelardo para los botes grandes de azúcar, de azúcar glas, de levadura, de nuez y de almendra y para los sacos de harina. Abelardo entra y separa dos botes de los demás, los botes son tan grandes que sirven de banquitos. Ahí lo pasarán.

Con la leve luz que da el foco solitario colgado desde el techo las facciones de Mónica cambian. Hay más intimidad, y se ve más chica, aniñada. Al principio no saben qué hacer, si quedarse silenciosos, si hablar de algo sin importancia. Mónica mueve más y más los pies, reacomodándose en su asiento. Se abraza a sí misma:

—Mis hijos estarán bien, allá en la escuela. Los cuidarán —así se dice, como para consolarse y calmarse ella sola—. ¿Y si rezamos?

Abelardo la mira. Mónica le estrecha las manos y las toma, y con eso se percibe un pequeño olor a almendras y rosas. Sus manos son suaves, lisas, y las uñas, en donde rozan la piel de Abelardo, son duritas y filosas, pero sin lastimar. Como cuando una vez posó sobre el dedo de él una periquita verde y amarilla, y lo picoteó, suave, cariñosa.

—Madre de Dios, pura y fina, reza por nosotros en este momento, protégenos y cuídanos.

La voz de Mónica llena el espacio, acalla el viento, el rugido de afuera, y Abelardo cierra los ojos, pero luego los abre de nuevo, extrañando los ojos de su Mónica.

—Bendita eres entre todas las mujeres y bendito el fruto de tu vientre Jesús.

Siguen rezando. Las palabras que le enseñó a Abelardo su madre hace tantos, tantos años surgen de sus labios. Aprieta suavemente las manos de Mónica, mira sus labios en la media luz. Teme que ella note que sus manos fuertes de panadero ahora están temblando.

¿Y si la besa? ¿Y si la abraza? Es éste un momento de inercia, como cuando consiguió el trabajo, como cuando dejó de estudiar, como cuando comenzó a ir al billar. Fue Mónica quien le dijo que se refugiaran de la tormenta. Podría ser el destino que los está juntando. Pero si se avienta ahora Mónica pensará que es un aprovechado, un sinvergüenza, que sabe que ella está atrapada con él por el tornado a su acecho.

¿Y cómo besarla mientras reza, mientras habla a la Virgen? Sería blasfemia.

Mónica deja de rezar. Suelta las manos de Abelardo y, tranquila, alisa las arrugas de su delantal. Voltea la cara y mira las etiquetas en los botes a su alrededor, las especies en sus frascos de plástico.

—Jengibre, canela, nuez moscada, ¿para qué es el turmeric?

—Para darle color y sabor al pan de yema.

Abelardo alista los ingredientes del pan de yema, lo diferencia del pan de huevo y el pan francés. Va explicando el proceso de amasar, de hacer que la levadura funcione, mientras Mónica lo escucha, atenta, afirmando con la cabeza que le está siguiendo con atención. Abelardo continúa la plática, explicando cómo se logra esa textura crujiente y a la vez suave del pan de hojaldre, cómo en el momento de hornear con poner o no agua sobre los panes se varía su corteza. Abelardo deja de ser hombre y se vuelve profesional, experto, confiado y técnico.

Poco a poco el tiempo se mejora. Se reduce el viento, y Abelardo y Mónica abandonan la alacena, enderezándose poco a poco al caminar. Espían nuevamente por el ventanal. El cielo es todavía grisáceo, pero entre las nubes se asoman algunos rayos de luz y los pájaros empiezan a trillar.

Los días vuelven a su rutina. Mónica cuida la caja, envuelve los volovanes, sacude el mostrador, y cuenta a Abelardo las aventuras de Joaquín y de Jimena. Abelardo hace una y otra vez los mismos panes, los marranos, las chilindrinas, las conchas y el pan francés, los pastelitos de mil hojas, las manitas de león, las orejas. Y día tras día, al abrir la tienda en ese silencio de madrugada y entrar en ese espacio bendito en donde se prepara el pan, pide a la Virgen que haya otro aviso de un posible tornado.

La penitencia

Nos estacionamos frente a la casa. Apago el motor y suspiro. Ya estamos listos para la comida del domingo en casa de mi mamá a la que acudimos una vez al mes. Y le digo bajito a mi esposa, que desabrocha el cinto de seguridad de mi hijo, que asistir los domingos a esta reunión nos servirá para pasar menos tiempo en el purgatorio.

Y es que me gusta más la comida que hace Jennifer, incluso la mía que la de mi mamá. A Juan más aún le desagrada lo que prepara mi mamá:

—Pica —dice—. Pica.

Lágrimas aparecen en sus ojos y Jennifer le dice, *shh shh* y le pasa una tortilla con sal.

Comida pesada, de rancho, grasosa y no saludable. Verdura no hay, masa y masa, sal y grasa, no lo que acostumbramos nosotros. Procuro no comer demás, pero siempre acabo comiendo todo, y luego me siento mal, pesado y soñoliento por el resto del día. Incluso al día siguiente llevo una carga no sólo moral, física también, por la comida de mi mamá.

Al abrir yo la puerta mi mamá en la cocina nos grita algo que no logramos oír. Entramos a la cocina, la saludamos de beso, dejamos sobre el mostrador la cerveza y el paquete de tortillas calientitas envueltas en papel que nos pidió que compráramos en la tortillería San Sebastián. Eso sí que me gusta: esperar en la cola, oír el crujido de la vieja maquinaria, observar las tortillas sin cocer acomodadas en la banda de hierro entrar al túnel con sus brasas, ver las tortillas salir por el otro lado ya calientitas y cocidas y caer una por una sobre otra banda que las lleva al lugar en donde las señoras las recogen y las ponen en pilas, mirar mientras la señora que las despacha pone sobre la balanza primero una hoja de papel color amarillo y luego las tortillas. Dos kilos y medio, la señora que las despacha es tan experimentada que apenas tiene que quitar dos tortillas para que dé el peso exacto.

Dejamos los encargos y me voy hacia la sala, hacia el ruido de la tele. Juan corre a la recámara de los cuates a buscar algún juguete olvidado en el cofre del clóset. En la sala, en su silla de siempre está mi papá, viendo el partido, en su mano sobre el brazo del sillón, una cerveza bien fría envuelta en su cobertor de tejido al gancho. Mira la tele, sus cejas juntas, esperando el grito de goooool. Le doy un beso en la frente, palmeo su hombro. Sin hablarme hace un gesto de que me siente en el sofá. Jennifer deja la bolsa en una silla en el pasillo y regresa a la cocina con mi mamá, dispuesta a ayudar.

En el comedor, extienden el mantel, ponen los vasos y los cubiertos alrededor, nos grita mi mamá *ya está* y todos nos acomodamos en la mesa. Mi papá, Jennifer, yo, los cuates, mi tio Lencho y mi tía Amalia, Juanito, al lado de su madre y sobre una silla y dos directorios de teléfono. Hoy los platos que va trayendo mi mamá uno por uno están bien cargados de su mole, frijoles y arroz, de ropa vieja, con su grasita de siempre. Y las tortillas y más tortillas, tantas que mi mamá nunca se sienta, siempre anda corriendo desde la mesa hasta el comal para que todos las tengan calientes. Pero no por eso, no por servirnos a nosotros no rige toda la mesa, sus comentarios con púas se escuchan desde la cocina, en el comedor, en el paso de por medio.

Mi papá, en la cabecera se dedica a comer. No emite palabra alguna, y tan pronto acaba se retira a su recámara a acostarse, a leer, luego a dormir, un periódico abierto sobre la panza, la boca abierta, los ronquidos sonando.

Es mi mamá quien rige, quien decide, quien opina, quien sabe todo lo que sucede y quien marca el paso. Ella la que mandó a Julio a la Army, *para que no caiga en la cárcel*, ella quien dijo que los cuates fueran al community college primero, para no gastar tanto luego en la colegiatura. Lástima que ni ahí pudieron y terminaron mal. Tío Lencho es el hermano menor de mi mamá y vive en la casa de al lado, que pertenecía a mi abuelo. El y su esposa, mi tía Amalia, no faltan ningún domingo. Sumisos y gentiles, hacen todo lo que diga mi mamá. Hasta el coche que compraron, el Valiant dorado, lo escogió ella. Los cuates están con la cabeza agachada, mirando a escondidas sus teléfonos celulares.

Y yo, con mi diploma, con mis títulos y certificados, yo soy el hijo ejemplar, excepto que trabajo no hay. No lo hay y ya. Hubo, y trabajé, ocho, nueve años, pero la beca que nos dieron para el programa local se acabó, empacamos todo, y nos fuimos, cada quien a su casa.

Pero eso no se lo quiero decir a mi mamá. Jamás me dejaría de estar picando, si supiera, andaría diciéndoselo a todos los vecinos, con esa cara de compasión que pone mientras destaja al próximo, les diría lo preocupada que está por su Lalo, tan buen muchacho que era pero que ahora se ha vuelto tan flojo que hasta del gobierno pide ayuda. Si ella siempre trabajó, nunca pidió nada a nadie.

Entonces tendría ella razón, de que era mejor estudiar ingeniería y no lo que yo, el double major de sociología y sicología:

—Para eso Oprah —dijo ella—. Eso que lo haga Oprah. Tú, hazte ingeniero. A ellos nunca les falta el trabajo.

Bueno, ella siempre trabajó, de dependiente, de secretaria, de paralegal, pero para su generación era diferente, eran tiempos distintos. Rastreo cada indicio de una posición, meto solicitud tras solicitud, pero ni me contestan. Ahora no hay dinero para más sicólogos, aun los que hablan español.

Cuando terminamos todo yo me levanto junto con Jennifer a recoger los trastes, a lavarlos como lo hacemos en nuestra casa, pero mamá pone una mano firme sobre mi brazo:

—Vete a la sala. Nosotras nos encargamos.

—No, mamá, también yo.

—No, en mi casa los hombres no recogen.

Y mira a Jennifer como si ella tuviera la culpa de mi falta de hombría.

Luego las oigo en la cocina, mi mamá dirigiendo, no así no, no en un tóper más chico, Jennifer aguantando, paciente. El chorro de agua, el clink clink de los platos que se acomodan en el escurridero, el abre y cierre de los gabinetes, del refrigerador, y las aseveraciones de mi mamá y los murmullos de asentimiento de la tía Amalia y de Jennifer, que, aunque es fuerte y determinada, también es demasiado sabia como para contradecir a su suegra.

Es delgada Jennifer, de cara suave y tierna, trabajadora y lista, con un sentido de humor pícaro pero sutil. Espera otro bebé, y su pancita redondeada, como un paquete de colchones Bimbo, es tibio y liso.

Maestra de kínder, maestra excelente, impulsa a sus estudiantes a leer, a escribir, paciente y alegre, pero siempre estresada por las exigencias de los administradores, por la falta de tiempo y de material, por las grandes necesidades de sus alumnos.

Con lo que ella gana podemos seguir, al menos un tiempo, pero ya cuando nazca el bebé será muy difícil. Ojalá para ese tiempo tenga yo chamba de nuevo. Si no, ¿cómo le vamos a hacer?

Voy por un libro que dejé en el carro. Entro a la casa, donde todavía siguen recogiendo la cocina, y me dirijo al jardín de atrás, a una de las sillas mecedoras metálicas pintadas de blanco que hay debajo de la higuera. La tele se quedó prendida y se escucha la emoción profesional del locutor, el rugido de la audiencia, la música intermitente. Ahora que no tengo trabajo me he puesto a leer lo que no podía antes. Estoy a la mitad de este libro, que trata de la familia mexicana americana y sus especiales dificultades. En un rato mi papá se levantará. Así lo hace. No duerme mucho, duerme una hora aquí, otra allá, y así logra sus siete horas. Por la noche sufre insomnio, camina por los pasillos, se preocupa por todos. La carga que no parece llevar durante el día se le hace pesada estando solo. Yo también al perder mi trabajo he comenzado a sufrir lo mismo.

Vuelvo a hojear mi libro. Las matriarcadas improvisadas por la pérdida de poder económico y social de los varones ante la sociedad poscolonial tenían sus ventajas y desventajas . . .

Se abre la puerta y mi papá se asoma, las cejas levantadas, un poco tímido, no queriendo molestar. Cierro el libro, me enderezo:

—Vente, papá, siéntate, dime cómo te va.

—Bien, hijo —dice y con lentitud y cuidado se acomoda a mi lado—, como siempre, ya estoy durmiendo un poco mejor. Ya me hice a la idea de que no necesito dormir todo de un tiro, que puede ser en partes.

Se agacha mi papá y levanta un higo caído, reseco y arrugado:

—Como en la vida, en partes. Un tiempo de joven, luego de hombre, luego de anciano.

—No eres tan viejo.

—No, pero me siento viejo.

—Necesitas hacer ejercicio, comer mejor.

Con un leve gesto de la mano y de la cabeza mi papá me calla:

—Hablemos de ti. Estás muy callado. ¿Qué te pasa?

Y le digo, a él, pero le pido que no se lo diga a mi mamá, que se acabó la grant que nos mantenía. Que tengo meses buscando trabajo.

Mi papá agarra los brazos de la mecedora, se mece un poco, mirando las hojas de la higuera, que brillan en el sol. Alza los hombros levemente:

—Así son las cosas, así pasa. Ya ves, tanto a mí como a tu mamá nos han despedido. Hay ciclos en la vida. Ni modo.

Ahora dejo el libro a un lado:

—¿A mi mamá?

—Claro, a tu mamá, aunque nunca dice nada. Si la acaban de despedir de ese despacho en el centro. Por bocona, ya la conoces. Y no es la primera vez. Solamente que es orgullosa y se lo calla.

Mi papá extiende las piernas, cruza una sobre la otra y las menea:

—A mí me dice sólo porque comoquiera me daría cuenta, al ver el saldo del banco. Si no ni a mí. Así es ella de orgullosa.

Miro hacia la casa y veo la silueta de mi madre, que está guardando el mantel ya sacudido y doblado en el cajón del mueble en donde va. Cierra el cajón, se endereza, pone una mano en la espalda y se soba como si le doliera mucho, mirando su reflejo en el cristal de la credenza.

Mi papá sigue meciéndose, tranquilo a mi lado:

—¿Vendrás tú?, ¿vendrán ustedes el domingo que viene?, cumple años tu tío Lencho.

—Claro, claro que sí vendremos. No faltaba más.

Lo sencillo

La última visita fue incómoda, no por la molestia del piquete para sacar sangre, no por el desagrado del examen, mi cuerpo ya inflado sobre la mesa, mis piernas en los estribos; no fue eso. Fue otra cosa, algo en el aire que antes no noté. O era la gente que me atendía. No era una visita de rutina, aunque con tantas visitas que he hecho debería ser de rutina.

Hay un procedimiento ya establecido por el que paso. Entro, me apunto, me siento en una silla en la sala de espera, hojeo alguna revista, espero mi turno. Luego me llaman y me ponen en un asiento especial para sacarme sangre y tomarme la presión, voy al bañito con una copita de plástico transparente y su tapita, para orinar. Después, a sentarse nuevamente en la sala de espera hasta que me hablen otra vez para entrar con el doctor, quien apurado ve mis datos y habla tantito conmigo, pero casi sin mirarme, tan absorto, tan concentrado está en el papel que tiene frente a él. Contesto algunas preguntas y me citan para el siguiente mes. Así ha sido desde que sentí las primeras nauseas que me hicieron acudir al médico.

Pero en esta última visita hubo más gente, un nuevo doctor, algunas enfermeras y ayudantes nuevas, como si se consolidaran dos consultorios y la cosa fuera menos personal. Hubo que llenar nuevas formas, contestar algunas preguntas más, no sé, no se explicó bien por qué.

De manera que esta vez voy un poco más a la defensiva. Me baño meticulosamente, me lavo los dientes, no se vaya a encontrar algo impropio en mi manera de vestir ni en lo que estoy haciendo respecto a mi dieta y mi higiene.

Me visto con cuidado, estrenando un traje de maternidad. Color azul con blanco, pero alegre y floreado. Y nada sobrio. Nunca me ha gustado lo sencillo. Me gusta lo adornado, los conjuntos alegres, llenos de vida, de colores, rebosando de energía. Lo sobrio para los funerales.

Al salir de la casa parpadeo en la luz brillante del día. Ahora que se nota mi embarazo no salgo tanto a la calle. Si salgo con Beto, con el más chico, la gente me sonríe y me ve bonito. Si salgo con Beto y aparte con las otras dos me ven feo. Una señora casi me pega con su carrito del súper, aunque mis hijos siempre se portan bien, caminan en fila detrás de mí como los patitos de las caricaturas, como Hugo, Paco y Luis, tranquilos, bien educados, pero ella nos vio como si no tuviéramos derecho de ocupar nuestros lugares. Como si el pasillo fuera nada más para ella.

Llego al consultorio, que está en un edificio imponente al lado del hospital. Tan beige el edificio, tan sin color, todo de buen gusto quizás, si el bueno gusto es lo muerto y estéril.

Hago la rutina de siempre, excepto que ahora hay más y más formas que llenar. Ya en la sala de consulta, desvestida y cubierta por una bata de papel, tiemblo levemente, rodeada de metal frío, todo el metal muy frío. Completa otra forma una enfermera joven y desconocida, que con su clipboard apunta lo que yo digo. ¿Cuántos hijos tiene? ¿Cuántos embarazos ha tenido? Preguntas y preguntas cuyas respuestas no dicen casi nada. La enfermera tiene su cabello color miel recogido en una cola de caballo, aretes pequeños y uñas bien cuidadas, pero sin color. Huele a limpio, a jabón, y a algún perfume que gusta. Es delgada y alta, con el cuello largo. Saludable, enormemente saludable.

Y con un tono tan forzadamente neutral que revela que esconde una opinión, me pregunta si quiero aprovechar el alumbramiento para ligarme los tubos. Es más sencillo hacerlo en ese momento.

Por la posición del útero. Porque ya hay gastos de hospital que de otra manera tendrían que pagarse de nuevo si es que decido después hacerme la cirugía.

Pienso en mi tía Conchita, la veo hace quién sabe cuánto, en esa luz aturquesada que acompaña todos mis recuerdos de los setenta.

—No —le digo—. No, gracias.

La enfermera apunta alguna cosa más en mi forma, toma la pluma y la coloca con un clic bajo el sujetador del clipboard. Se despide, neutralmente cortés, y se va. Me quedo en el frío, con la batita de papel que me deja tan vulnerable, sentada en la mesa con los estribos listos para mis pies. En un ratito más viene el doctor y hace el resto del examen.

Mi tía, al enterrar a su hijo menor, dijo que lamentaba que no hubo otros después de él, que hizo lo que quiso el doctor, que se los ligó.

Me visto, voy a la recepción para que me aparten otra fecha para la siguiente revisión, bajo al estacionamiento, me dirijo a mi casa.

Cuando entro a la casa después de la consulta, los niños ya han llegado en el camión. Adriana y Mirna hacen la tarea, Beto grita zum zum zum, un cochecito de plástico en alto, y corre por la sala. Suelto mi bolsa, mi llavero en el sofá, y voy a mi recámara. Cierro la puerta con llave. Me siento sucia, fea y sucia. Abro la llave de la ducha y me pongo a desvestir.

Bajo el agua caliente enjabono mi cuerpo. Lo miro, mi cuerpo, mi cuerpo que es mío, no para ser juzgado por otro. Deslizo las manos sobre mi panza, mis nalgas, mis muslos, mirando la espuma que corre junto con el agua y que va en remolino hacia el drenaje a mis pies.

Mi cuerpo no es ninguna estadística.

Y Mirna, tan linda, tan buena para la música, y Adriana, que para las matemáticas es una fiera. Beto, con sus chistes, con su hoyuelo en el mentón, con su manera de tocarme la coyuntura del antebrazo con el brazo, una caricia delicada. Cómo será este bebé que traigo adentro no sé. Y si hay más después, pues qué bueno.

Mi tía en la cocina de mi madre, sus buenas manos rodeando una taza de café, cotorrea con su hermana en la luz de la tarde.

Mi hermana menor hace años en un festival del colegio, fastidiada, con el mal humor perene de la adolescencia, dice:

—Ay, ¡qué gente! Son demasiados.

La miro con firmeza:

—Entonces vete tú. Así habrá menos.

Lo no deseable, lo no deseado, ser uno no deseado. Desear, no desear, juzgar, no juzgar. ¿Quién da derecho?

Me pongo una bata y envuelvo mi pelo en una toalla. Con las pantuflas puestas voy y caigo sobre el sofá. Con la mano palmeo mi panza, suave, tranquila. Busco sentir alguna patada.

El rastro de una pluma sobre una forma, la firma de mi tía Conchita, que firmó el papel de consentimiento entre tantos otros al admitirse al hospital. Quién sabe si lo hizo con verdadera intención.

La enfermera, posada en una pierna, la otra pierna doblada y con sólo el punto del pie en el suelo, esa enfermera, que sí lleva una ropa menos sobria que las otras, pero que compensa eso con su seriedad, sigue apuntando cosas en la forma que trata de mí. Una palomita, otra palomita. ¿Quepo yo en sus categorías?, ¿lo hacen mis hijos?

Las cosas nunca son tan sencillas, aunque uno quiera hacerlas así.

Mirna viene a mi lado, me abraza. En su pelo negro una pinza color lima, y en su mente toda una serie de observaciones que nadie más tendrá nunca. Un número más no es.

El acordeón

Son las cinco de la tarde y en la entrada a la carretera contra un sol poniente se logra ver a un jovencito parado con una guitarra en su funda colgada en la espalda, con el brazo extendido, el dedo pulgar levantado, esperanzado de que alguien le dé un raid.

En eso se orilla un Dodge Super Bee color guinda, un Dodge 1971 ya con sus 40,000 millas acumuladas en el taquímetro en los dos años que ha salido de la agencia. El carro se para, y por algún impulso, la puerta del pasajero se abre.

Ernesto ajusta su guitarra en la espalda y va corriendo hacia el Super Bee.

***

—Lo siento, mi amigo —le dice al hombre avejentado que con su acordeón y sin pedírselo le acaba de tocar un alegre danzón—. Ahorita no hay trabajo.

El hombre le sigue mirando a Ernesto, que, sentado en la mesa de banquete, con sus manos acomoda en dos pilas sobre el mantel los recibos del mes.

—Ya lo sabe usted, los que hacen fiestas casi no ocupan músicos. Casi todos van con dj's, que cuestan menos. Quieren escuchar a Enrique Iglesias y a Kanye. Desconocen el talento local.

Ernesto toma un clip y junta los recibos de febrero:

—Pero vaya usted a la cocina, díganles ahí que digo yo que le preparen un plato.

El señor le da la mano, le agradece, pero con un gesto hace entender que rehúsa la comida. Toma su acordeón y se dirige hacia la puerta de salida.

Los cinco meseros ya en traje, sus moños enderezados, esperan entre las mesas la llegada de los invitados. En la cocina se escucha un pleito menor. Parece que cada vez Ernesto tiene que preocuparse por más gentes, por su staff, por sus hijos y por la comunidad y ahora por un músico que deambula sin trabajo.

Un músico como él lo fue. Flaquito él, en sus pantalones de mezclilla, con su chamarra de los Longhorns, con su guitarra acústica, pidiendo raid para llegar a una función.

Qué diferencia ahora, sentado en una silla en la esquina del salón. De aquí ve todo, a los meseros que de vez en cuando ajustan alguna servilleta, a los cocineros que van checando el funcionamiento de los chaffers, a la directora de funciones que acomoda un florero en la mesa de la entrada y que abre el libro de registros.

El espacio amplio, el negocio establecido, los tres hijos que lo van a heredar, la satisfacción que debe sentir no la siente. Están más contentos sus empleados, sin tanta responsabilidad.

Y su involucramiento en la política del lugar, los pequeños rencores que surgen sin que uno lo quiera, porque apoyó a un amigo en lugar de otro, le han hecho enemigos sin que él los buscara.

—Qué tiene? —le dice Cristina, por la mañana al levantarse, cepillándose los dientes, el agua corriendo, empujando un rulo rebelde detrás de su oreja—. Por eso no te preocupes, al rato se vuelven a contentar.

Pero no es eso. Es el tiempo. El tiempo que corre y corre como agua.

El cuerpo que le falla, que no se levanta igual por la mañana, las pequeñas humillaciones, el chorrito de pipi que no sale ya bien, el temblor en la mano, la incapacidad de abrir un jarro, pero el ritmo de la música le sigue llamando. Abrió el primer espacio él con sus amigos, porque no hubo dónde tocar, pero tantos años tiene sin puntear una guitarra, sin cantar. Cuando lo ha intentado, pena y coraje le da cuando le sale mal una nota.

Y ahora son cuentas y cuentas, saldos de banco, W240s, e inspecciones de salud. Nada de la alegría de antes, nada de eso.

Hay una capa interpuesta entre él y la vida, una capa hecha de documentos, de llamadas de teléfono, de pendientes múltiples y peticiones constantes.

—¿Y si me jubilo? —se pregunta, pero es muy temprano para jubilarse. Se imagina ese muchacho revoltoso que ya no lo es.

Y ahora hasta es cruel, lo tiene que ser, con los músicos que buscan trabajo, con las meseras que quieren traer sus hijos y dejarlos en el estacionamiento mientras acaben sus turnos. Se ha vuelto cruel. No hay compasión en el negocio, aunque Ernesto dona a diversas causas, hay que ser práctico. Hay que pagar los impuestos, las cuentas, el seguro y los salarios, si no es cruel, este barco no flota y entonces ¿dónde estarán todos ellos?

Su hijo Carlos se queja de que no le dan autonomía, y se lo está dispuesto a dar, pero quisiera que tuviera un poco más de compasión, que no les hablara de manera altiva a los empleados, que supiera dar un poco más. Y Teo, el de en medio, que al contrario fuese un poco más resuelto, que no le hicieran vacilar entre una decisión y otra. Con Vicente, al contrario, quisiera que no tomara decisiones rápidas, que no fuera tan impulsivo.

Pero a su edad Ernesto era peor que todos ellos. Se lo pasaba en los bares, escuchando las sinfonolas, jugando Donkey Kong. No prestaba ninguna atención a su papá, quien le decía que se estaba volviendo un vago. Y su mamá, que lo defendía, cerraba los ojos para no ver, para no darse cuenta de lo mariguano que era, de lo irresponsable.

Suerte tuvo, suerte. Pudo haber acabado en la cárcel, o en la calle, y en lugar de eso tiene su salón de baile, con todo y servicio de banquetes.

Esta noche es la boda de las familias Arredondo Sáenz y González Escobedo. Un menú mediano, las flores de las más baratas, puro clavel y margarita, una utilidad exorbitante, pues el platillo es casi puro arroz y frijoles, con un pedacito de pechuga de pollo en una crema de chipotle. El pastel lo trajeron de afuera, así que ahí no habrá gane para Ernesto, pero entre la comida y el bar y la contratación del dj todo le saldrá muy bien.

¿Quién es él?, ¿el muchacho pidiendo raid, despreocupado, libre o el hombre sesentón con sus grandes responsabilidades? Con sus canas, su panza redonda, sus lentes para leer, su cuello colgante. ¿Cuál ser es Ernesto? ¿Es un impostor ahora o fue un impostor en aquel entonces cuando se creía tan liberal? No importa cuál fuera, la cosa es que es un impostor.

Esa noche después del banquete se acurruca en los brazos de Cristina, los brazos tibios y cariñosos de su mujer, que lo quiso cuando era todavía aquel muchacho flaco de pocas nalgas con la guitarra y los sueños de ser un trovador, que lo sigue queriendo ahora cuando ni canta ni toca en su propio hogar.

—Viejo —le dice Cristina—, vamos a escuchar a Vikki Carr.

Prende la música y le da unos besos ricos, envolventes, ya sin la necesidad de cerrar con llave la puerta de la recámara, pues muchachos en la casa ya no hay.

En la intimidad después del acto se ponen a recordar, detalles mínimos que a nadie más interesaría, de la primera pista de baile en aquel más bien granero a lado de los rieles del tren, y de cómo cuando el de las doce pasaba todo el edificio temblaba y no se oía a los músicos. En ese tiempo había de tener cuidado, hubo más pleitos entre los invitados, incluso una vez sangre al sacarse un cuchillo. Ahora los invitados son otros, más formales y establecidos, más dispuestos a espantarse aun si en un corrido se cuela una letra escabrosa.

Si dejara todo el changarro a sus hijos podrían él y Cristina sentarse en la luz de la tarde, junto al río, en la casa que construyeron en las afueras de la ciudad. Podría él alimentar a sus gallos, escuchar una música de Hendrix, la guitarra a todo dar. Cómo se transformó su negocio de un lugar para reventarse a este salón de baile aburrido y estirado, lleno de manteles y adornos de mesa, él mismo no sabe. Fueron decisiones que se hicieron en su tiempo, por diferentes motivos. Decisiones de comerciante, financieros, y no de su ser.

¿Y si abriera otro lugar? ¿Algo más de su gusto? Pero sería una tontería crear algo así, para los jóvenes, si él no tenía nada de joven.

Ahora, otra noche, es la boda de oro de los Manríquez Silva. Los invitados son menos y los platillos un poco más caros. Ahora hay para elegir entre el pollo y prime rib, y se ofrece una sopa antes, de champiñones, o pueden pedir una ensalada. Carlos se ha encargado esta noche de los preparativos, y Ernesto no acude al salón hasta casi las siete.

Han llegado los músicos, una banda de conjunto, a la antigua, el bajo, el bandolón, el bajo sexto, el requinto, la batería, el acordeón, contratados por la pareja y no a través del salón. Van acomodándose, se abrocha un botón de camisa, mueven las sillas sobre el escenario. Cada quien por su cuenta se pone a practicar. El del acordeón, sentado, mueve unos dedos sobre su teclado y otros sobre los botones brillantes bajo su mano izquierda. El fuelle se expande y se comprime. Un chillido casi humano llena el espacio, dulzura y sentimiento, pena y anhelo. Ernesto mira hacia el músico, que como si no le importara, sin concentrarse, hace que el instrumento vibre y llore. No ha llegado la pareja de tantos años de casados, ni han comenzado los brindis y discursos, pero con la música se siente la gloria y el dolor del tiempo que corre y se va.

Las ventajas del juego

Cargando entre las dos manos el barrilito de plástico, Zaida llega frente a la casa chica, pintada de un verde alegre. Camina por la banqueta recta y angosta que lleva al porche de madera, sube una, dos, tres peldaños hasta llegar a la puerta de rejilla de seguridad que tapa la puerta de verdad. Escucha un momentito para distinguir, entre el ruido de la brisa entre los árboles y de la radio puesta en la estación KLQB, 104.3 FM, La Qué Buena, algunos pasitos, algunos movimientos de niños. Toca. Toca de nuevo.

Después de un rato abre la puerta de verdad la abuela de Manny y Luciana, sus manos secándose en una toalla de cocina blanca pero roída. Sin abrir la puerta de rejilla y sin girar su cuerpo más de un milímetro, grita:

—Manny, Luciana, aquí está tu amiguita.

Espera Zaida, espera la abuela. Zaida no sabe qué decir a esta señora que, por su caminata desigual, por la pierna coja, cuando pasa por la banqueta yendo hacia el Sac n Pac de la esquina, siempre le ha dado algo de miedo.

La abuela no suelta la puerta, pero tampoco la invite a que entre. Por debajo del brazo de la abuela se asoma la cabeza de Manny. La abuela extiende la toalla que trae entre sus manos y la empieza a doblar:

—Jueguen en el porche ustedes, o en el jardín de atrás. No los quiero en la casa. Voy a trapear.

Manny y ahora Luciana miran a Zaida, como si tuviera ella la culpa de la orden de la abuela. Abren la puerta de rejilla de seguridad y salen al porche, las maderas crujen bajo sus tenis y es cuando se dan cuenta de lo que trae Zaida entre manos y la curiosidad vence el enojo.

—¿Qué es?

—Es un juego que me regaló mi tía.

—Vamos a jugarlo.

Los tres se sientan en un círculo a la derecha de la puerta. Con un giro de la tapa Zaida abre el barrilito y caen sobre las tablas del porche los changuitos de color. Las caritas de los changuitos sonríen, los brazos de los monitos terminan no en manos sino en ganchitos, listos para enlazarse entre sí. Zaida explica y demuestra cómo, sin tocar más monos que uno, hay que irlos enganchando uno tras otro, sin que ninguno de la cadena caiga. Que el que hace la cadena completa gana.

—Voy yo primero —dice Manny, y le quita a Zaida el changuito que lleva en la mano.

—Tienes que ponerlos todos en el barril, sacudir el barril, y luego tiras los monitos en el suelo. Then you pick them up.

Manny empieza su turno. No es fácil, los monitos se caen, no se logran enganchar fácil, tiene todo su chiste, y como Zaida ya jugó con la tía que se lo regaló, al principio gana. Pasan más de una hora jugando antes de que la abuela les dice que ya pueden volver a entrar:

—Pero tú no —dice la abuela—. Ya es hora que regreses a tu casa.

Al día siguiente vuelve a traer Zaida el juego y lo vuelven a jugar. Ahora la ganadora siempre es Luciana, que tiene ocho años y es muy lista. Zaida es torpe en comparación, se le caen los monitos, algunos se rehúsan a enlazar. Ya la sonrisa de los monitos no es amistosa sino de burla.

Pero el sábado, cuando otra vez quiere Zaida jugar, nota el desinterés de Manny y Luciana. Juegan desganados, y al rato le dicen que están muy ocupados y que mejor jueguen con Zaida otro día.

—¿Cuándo?

—No sé. Después te decimos.

Luego Zaida encuentra otra niña que vive a una cuadra de la casa y es ahí adónde va.

En la escuela, ya en kínder, a la hora del recreo todos se alborotan, los columpios llenos, la escalera para el resbaladero repleta de niños, Zaida halla una manera de caminar entre un juego y otro, absorta, soñando, que disimula su soledad.

Crece y crece Zaida, al igual que sus compañeros. Algunas muchachas antes, toman forma diferente y son ellas quienes deciden qué harán los grupos. Otras, más chiquitas, se callan y esperan su turno. Zaida es de las últimas en sufrir esos cambios tan raros, los pezones abultándose, poniéndose sensibles, los pelitos que surgen en donde casi nunca ve. Su mamá le compra lo necesario para esos cambios, dos sostenes y luego una caja de Kotex, y le explica, pero con el apuro y la irritación de siempre porque tiene tanto que hacer. Supone la mamá que ya sabe todo, pues clase hubo en la escuela, con todo y película, pero es una cosa la película y otra estas toallitas acolchadas con cinta que hay que colocar en el calzón y la repentina necesidad de traer una bolsa con una adonde sea, por si acaso. Y luego qué hacer con la toalla manchada, que una vez su mamá le regaña por no esconderla bien en el cesto de la basura. Todo eso no se le explicó en la película.

Ni explican en la película qué hacer con los muchachos, que ahora se acercan en la fila para almorzar, y como que rozan contra una sin que una se dé cuenta, o que dicen cosas de las que crecieron antes, Wendy, que es de mucho pecho, y Claudia que la verdad se parece a Angelina Jolie. La película no dice qué hacer con los rumores que corren y lastiman. Que llegan rápido y jamás se van del todo.

Ni tampoco se dijo a Zaida qué hacer cuando tanto le gusta un muchacho que haría cualquier cosa por él, que sueña con él todas las noches, que le escribe notas y notas en la clase de biología con tintas de diferentes colores, con corazoncitos y bordes y calcomanías pegadas, y dobladitas se las pone en su locker. Y Zaida hasta aparece frente a su puerta un día, cuando sabe que el muchacho va a estar solo en su casa de la calle Flowers. Toca la puerta Zaida y le permite que decida él qué pasos hay que seguir. Y sigue yendo, un día tras otro, aunque en la escuela ni la pela, hasta que siente el desgano de su amigo, que apenas le da un beso mientras la agarra de atrás. Y un día que va, cuando ya le dijo que iba, el muchacho no está.

Y luego, en la prepa, la película no la preparó ni los libros que lee la preparan para el tumulto que siente, para la necesidad de estar con alguien, de tocar a alguien, de rozar su piel, de no estar sin nadie y que sólo tocara a su cuerpo desnudo el vacío del aire. Otros juegan el juego, se buscan por teléfono, salen juntos, van al cine, se quieren, se hacen novios, se besan, saben ser íntimos. Pero Zaida sólo ve a los muchachos sueltos. Y como en el recreo cuando estaba en la primaria ella va de uno a otro, disimulando su soledad.

Con el tiempo, con los años, lo que antes le pedían llega a parecerle insuficiente. Estudia técnicas, ve revistas, para hacer mejor su labor, para que la quieran más. Busca hacerse bella, mantenerse joven, cualquier cosa para que la quieran, dispuesta a todo, sin saber qué es la dignidad ni sentir humillación.

Y los hombres que conoce captan su desesperación. Le piden cosas que ella no cree pedirían tan fácil a otra mujer. La maltratan, buscando el límite de su disposición, y se sorprenden cuando no lo hallan, espantándose a veces de que ella no le diga que no. Humillados ellos mismos por los actos que han hecho, evitándola después para no despertar recuerdos. Y sin la compasión que la gente tiene para los otros seres humanos. Si la lastimaron, que aguante, si se quedó embarazada, que aborte, ella se lo buscó.

La tía de Zaida, la que le regaló el juego de monos, le preguntó en una visita posterior que si le había gustado el juego. Zaida era grande, ya no era bebé, pero la tía, no teniendo familia propia, siempre la mimaba. Con una mano acarició el pelo de Zaida, lo acomodó, lo alisó, y le dio un besito en la frente.

—¿Y sigues jugando con ello? Si quieres, jugamos. Pero sólo si quieres tú. Si no quieres, no.

—Sí, tía —dijo Zaida—: …sí, juguemos.

El cruce

A cierta hora entre las tres y cuarto y las tres y media, pasa el autobús 23. Cuando llega a un punto entre los dos trailer parks que se encuentran a la derecha de la carretera, baja la mitad de los pasajeros del camión, tantos somos los estudiantes que vivimos ahí. Bajamos con nuestras mochilas, con nuestros libros, parpadeando en la nueva luz, felices de estar por fin libres. Para llegar al parque a la derecha hay que pasar por un puentecito que atraviesa un canal que casi siempre está sin agua, con un fango negro y pestilente, a menos que inunde, y entonces no sólo hay agua en el fondo, sino que el canal se desborda y nos puede hacer daño a todos.

Nos ponemos en fila, pues el puente es estrecho y hay que pasar uno por uno. Yo, cuidadoso, procuro en ese momento no andar cerca de Willie, que a mí no me quiere para nada. No me aguanta, aunque nunca he sabido por qué.

De ahí el autobús se dirigirá a las colonias en las afueras de la ciudad, las de las casonas grandes, las en donde no hay banqueta, no porque, como aquí, el dueño es bien chafa, sino porque los residentes de ese lugar lo prefieren así. Al bajarnos aquí donde los dos trailer parks no hay manera de fingir que somos gente de dinero, pero con ser tantos tampoco se siente uno mal. Somos raza y uno que otro güero, uno que otro negro, pero en general somos mexicanos. Aunque entre este grupo también hay divisiones, hay quienes acaban de llegar y otros que tienen años ya aquí, tanto que no hablan español y sus nombres no son mexicanos, sino que se llaman cosas como Tiffany y Wallace. Willie es de estos últimos. No habla español, ni una palabra, ni sus papás lo hablan. Es moreno y flaco y de cara delgada. Si lo viera uno de lejos pensaría que era yo, tan parecidos somos. Es extraño que le caiga tan mal. De veras que no le he hecho nada.

Como dije, el autobús casi se vacía. Arriba de él quedan el chofer y los niños popof que ni nos pelan, y se encuentra Shanna, que pela a todos. No sé ella qué tiene, por qué es como es. Sonríe a todos y su sonrisa nos incluye. Casi no habla, pero cuando lo hace da gusto, hace que uno sienta que todo va a estar bien. Cuando sube al autobús saluda al chofer y camina a su lugar de en medio con una mirada hacia todos como si fuéramos cada quien especial.

Pero ahora me toca cruzar el puente, y lo hago con cuidado. No sé yo por qué no me gustan las alturas, solo sé que es así. Mantengo mis manos en los bolsillos, no quiero agarrar el barandal, pero dentro de mí hay un cuis cuas que no se quita. Tres de mis compañeros llevan audífonos y oyen música sin decirnos qué escuchan. Yo siempre me divierto imaginando que en lugar de algo cool están escuchando la canción de Barney.

Aún dentro del parque hay categorías, hay quienes viven en las casas móviles de la parte de enfrente, en donde hay algo de pasto y les sembraron flores y los mobile son más bonitos, y luego hay los mobile mediano, y los single wide, y por fin están los trailers que están todos al fondo, en donde ya no hay ni calles pavimentadas ni nada y están acomodados como sea, pero cada uno cerca de su hookup, su toma de agua y de luz.

Algunos de mis compañeros no van directo a sus casas, forman grupos y se ponen a platicar o sacan sus DS y juegan Call of Duty, pero mi mamá insiste en que me reporte luego luego, y no quiere que me aleje de ella. Me siento en la mesa del mobile home y hago la tarea. Ella me da unos tacos de tinga y un vaso de Big Red. Afuera se escucha el yap yap yap del perrito de doña Cuca, y alguien pasa por nuestro single wide y le da un golpe. Mi mamá se endereza tantito y escucha, pero es sólo un niño que va pasando a lado, se pone de nuevo ella a llenar su Sudoku. Yo me inclino sobre el libro, sobre la hoja de papel. Hay que hacer sets y subsets de unos números, y luego buscar los factores que tienen en común. No es nada difícil, pero sí lleva tiempo. Afuera el cielo es nublado y grisáceo y en los alambres de los teléfonos se juntan unas urracas. Gritan alborotadas, y espantadas estallan en vuelo.

Shanna es rusa, fue adoptada, y tiene un rostro extrañamente ancho, la cabeza muy redonda sobre un cuello delgado, los ojos verdes y hoyuelos en las mejillas. Es bonita, pero su bondad hace que no sea atractiva. Con ella milk and cookies y nada más. Pero me gusta que sea así, que haya alguien así. Si a Shanna la invitara aquí, a que comiera lo que prepara mi mamá, ella lo haría con gusto. No me daría pena invitarla.

A las cinco y media le toca a mi mamá su turno. Va al extremo del mobile home y cierra la puerta. La escucho alistarse, ponerse el uniforme, peinarse, lavarse los dientes. Los trastes ya están lavados, la mesa limpia. Mi tarea ya está hecha. El faro del área central, que queda a cierta distancia de nuestra casa, ya se prendió.

—Me va a dar un raid Constanza. Y me trae de regreso.

Lo dice esto mi madre con un tono agradecido. No siempre tiene las mismas horas que Constanza y entonces llegar a trabajar y sobre todo regresar es un problema.

—No te vayas a salir. Ya hiciste la tarea, puedes ver la tele.

La tele, que como no tenemos cable y no tiene buena recepción, aun con la antena de orejas de conejo que nos regaló mi tío Pedro, sólo agarra el canal de ABC. Menos mal que es miércoles y pasan American Crime.

—Te encierras bien. Todas las ventanas. Y no le abres a nadie. Estaré aquí a las once.

Y con eso cierra la puerta y le pone llave.

Del gabinete debajo de la estufa saco mis pesas, las dos pesas que me regaló mi tío Pedro en Navidad. Voy haciendo bicep curls, así como me enseñó mi tío, despacio, pero con ritmo. Ya los ejercicios han dado algo de resultado. Poco a poco mis brazos están tomando forma, mi pecho es más sólido y todo es más definido. Mientras antes era yo del mismo tamaño que Willie ahora le gano. Soy más fuerte, más fornido. Ahora están pasando un programa bobo pero que me acompaña.

Nos mudamos aquí en junio, de Bastrop County, supuestamente porque nos iba a ir mejor. Y de cierta manera nos ha ido mejor. Es mejor la escuela y no está ese Chava, molestando a mi mamá.

Las cosas aquí son más calmadas, sin tanto problema. El terreno del parque es pantanoso, sobre todo en primavera, estación de lluvias, y hay que caminar con cuidado. Es lo único que tenemos de qué quejarnos.

En Bastrop mi mamá trabajaba en un lugar de barbacoa, de ésos que tienen hartas visitas los fines de semana. Ella es tranquila y no tenía por qué aguantar a aquel Chava que no la dejaba aun estando él casado.

Y como era amigo de los sheriff, hubo una sensación de peligro, algo que hizo a mi mamá decidir mudarse.

Aquí es más grande la ciudad, y uno siente que todo es más impersonal y hay más justicia. La gente a nuestro alrededor, aunque no se meta con uno, nos hace sentir más seguros, no como aquella casa que rentaba mi mamá y que quedaba tan lejos de todo. Vivíamos hasta donde grita Tarzan.

Por las noches se juntan en la dizque cancha de básquet Willie y sus amigos. No hacen nada malo, sólo rondan ahí, sobre el asfalto roído por las lluvias, pero como no me incluyen me hacen sentir mal si ahí voy. Escucho su conversación, pero no puedo participar. Si digo algo, queda un silencio, sin ninguna reacción, y siguen la plática como si nada. No importa, aquí tengo mis pesas, mi tele, mi Big Red. ¿Para qué quiero jugar básquet?

El olor a comida se ha ido, los ruidos ahora no son de las urracas de la tarde, son de radios, de las teles prendidas en varios lugares.

De vez en cuando se escucha un grito, pero sin consecuencia. Una mamá regañando a un hijo, un hombre llamando a Paco a que venga a cenar.

Termina el programa de las ocho y empieza American Crime. Hago 100 abdominales en grupos de veinte. Mi panza arde un poco, lo que es lo debido. La sobo un poco, y me acuesto en el sofá.

Antes hubo una alberca en este parque, pero el nuevo dueño la cerró. Dijo que era un peligro para los niños. Todavía está el pozo color azul que antes era la alberca, rodeado de una cerca de alambre. El pozo está lleno de fango y de hojas podridas. Cuando está seco brincan la cerca Willie y sus amigos y usan el pozo para andar en patineta.

Contra los gabinetes sobre la estufa pegan unas luces azules, intermitentes. No hubo sirena, así que ha de ser algo más. Miro por la ventana de la cocina, y se ve que el problema está en la otra cuadra. No en la mía sino en la de Willie y de Mireya. Espero que no sean los padres de Mireya quienes se metieron en problema, aunque a veces lo han hecho. Mireya es buena onda.

Cuando pasó el tornado al lado del parque en ese momento quisimos vivir otra vez en Bastrop. También a mi mamá a veces le da pánico porque sabe que estas casas móviles se queman fácil, y rápido, dice dona Cuca que en menos de dos minutos el tráiler de al lado se chamuscó, haciéndose puros escombros y paredes precarias hechas de una capa delgada de ceniza, que con tocarlas con un solo dedo colapsaban. Pero peor sería andar donde Chava, preocuparnos a diario por si apareciera de nuevo, molestándola.

Tocan la puerta y me acerco. Con una mano cargando una pesa, me acerco y empiezo a girar el crank de metal que hace que la rejilla de vidrios que forman la ventana se abra lo suficiente para poder espiar afuera. Con sus pies separados, a un paso de la puerta, por si sucediera cualquier cosa, está un policía, su lámpara dirigiéndose a mi cara, la mano sobre su pistola.

—Are your parents home?

—No.

—Is there anyone else there? Another adult?

—No. My mom's at work.

—When will your mother be back from work?

—After eleven.

El policía vacila un momento, su zapato raspando la grava que rodea nuestra entrada, y dice:

—Thank you. I'll be back.

Miro por las rejillas a ver si hay algo más. Qué bueno que el policía no pidió que saliera o que abriera la puerta, pues no sabría yo qué hacer, si hacerle caso a la orden de mi mamá de no abrirle a nadie o si hacerle caso al policía. Mi corazón está latiendo, lo siento en mi pecho. Espío por la rejilla, pero aparte de las luces intermitentes que alumbran los mobile y una mayor cantidad de vehículos en la calle, no hay indicación de nada.

El noticiero de las diez sigue y lo veo, nervioso sí, pero sin saber qué hacer. Si fuera mi mamá con problemas creo que hubiera preguntado el policía en dónde trabajaba, y no somos nosotros los únicos con líos en este lugar. Comoquiera siento una gran alegría cuando escucho las botas de mi madre sobre la escalerita de metal de nuestro mobile, cuando sus llaves hacen ruido al abrir ella la puerta y entra, los brazos llenos de bolsas:

—Mira lo que me regalaron. Eugenio, ¿ahí estas?... Fue Constanza quien me la dio. Es ropa de su hijo menor, casi sin usar. Y buenísima.

Pone todo sobre el sofá y saca la primera prenda.

—Mira, una chamarra que te quedará perfecta en tiempo de frío. Mira no más.

A mí también me gusta la ropa, el hijo de Constanza se viste cool, y es ropa que todavía está de moda, no como la que traigo ahorita. Vemos las prendas, me pruebo una camisa, un pantalón, pero después, todavía en chones, le digo a mi madre de la visita del policía.

Mi mamá se detiene, mira a lo lejos. Se queda completamente quieta:

—Quién sabe por qué será. Mejor vístete, no vaya a encontrarte así el policía.

Dobla el pantalón lentamente y lo vuelve a la bolsa. Está hablando Jimmy Kimmel, el público se estalla en risas, mi mamá ni escucha. Abre la puerta y mira hacia el centro del parque, donde el faro grande y la cancha de básquet.

El policía no regresa y no sabemos más.

Pero al día siguiente en el colegio me entero de que Willie no se encuentra y que no saben si se huyó o si otra cosa pasó. Por los pasillos corre todo tipo de especulaciones, que si su novia Amanda quedó embarazada, o si robó algo en el Sac n Pac y por miedo de que se enteraran sus papás se peló. Shanna y algunas otras compañeras quieren hacer un fondo para mandarle algo a sus padres, unas flores, una tarjeta, pero el profe de mate les aconseja que mientras no se sepa nada, es mejor esperar.

Pasan meses, no se sabe más, pero a la hora de bajarnos del autobús y de ir haciendo cola para cruzar aquel puente me acuerdo de Willie, y el cuis cuas que sentía al cruzar por lo más alto lo siento aún antes de subir.

Al acecho

De repente habla mi papá de la disciplina, que nos falta disciplina, que por qué hay tanto juguete tirado, que por qué comemos a deshoras. Y tal vez tenga razón. Con mi mamá es más fácil; nos levantamos, jugamos, nos pregunta si tenemos hambre, comemos, volvemos a jugar. Ella canta, recoge tantito, se pone a ver la tele. Pero ahora mi papá en el sillón es quien ve la tele. Bueno, ve y no ve. La tiene puesta, se sienta, la lata de cerveza en su puño, pero no tiene sentido que quiera ver aquel programa. No cambia de canal aun cuando pasan los Care Bears. A poco le gustan los Care Bears.

Mi mamá pide que no hagamos ruido, que no cerremos la puerta sin girar la chapa, que a la hora de regresar de la escuela no botemos las mochilas sobre la mesa, sino que con cuidado las guardemos en la recámara. Nos compra audífonos para que no nos tengan que escuchar cuando miramos YouTube. Cuando algo nos tiene que decir, nos lleva a rincones de la casa, se agacha y nos lo dice, no a oídas de mi papá. Es como si hubiera más secretos ahora, más cosas que hay que guardar para sí. Como si estuviera algo a nuestro acecho.

Va a ser cumpleaños de Luis y estamos planeando la fiesta, que quiere hacer mi mamá en otra parte, en la casa no, aunque cuesta más dinero rentar un salón o hacerlo en un restaurante. Que qué tal el boliche. Pero llora Luis porque quiere piyamada, como lo hacen sus compañeros. Tengo miedo cuando llora. Si llora tantito se molesta mi papi, parece que ya no le gustan los niños, ya no le gusta nada.

Su cerveza sí, y el amigo ese de él que también es veterano, a ése lo quiere mucho. El amigo pasa por mi papá en su Camaro negro con rines especiales y en un ruidazo de motor arranca, haciendo que las llantas chillen, y serán horas y horas antes de que regresen y como que al principio hay alivio y casi hasta fiesta. Hacemos ruido y mi mamá no nos regaña, preparamos palomitas, cuyo olor y el ruido que hacen cuando estallan en el microondas no le gustan a mi papá. Entonces comemos palomitas y tomamos coca y vemos una película de Disney o de los Fantastic Four, pero luego, cuando pasan y pasan las horas, veo que mi mamá está nerviosa, que a cada rato checa su teléfono, que no sabe qué hacer. Nos bañamos Luis y yo, nos ponemos el piyama, nos acostamos con mucha risa, sobre todo Luis, quien quiere brincar entre una cama y otra, aunque ya sabe que es prohibida, pero mi mamá sigue igual.

Pero en la mañana mi papá está como siempre, roncando en el sillón. Y hay que caminar a puntillas y desayunar confiéis sin hacer clic con nuestras cucharas. Hay que alistarnos para la escuela, lavarnos los dientes sin hacer ruido, salir para esperar el autobús sin despertarlo. También es importante que tendamos las camas, y que lo hagamos bien. La ropa, al igual, que no esté en bultos por donde quiera, que se doble, que se guarde. Todo limpio, si no se molesta mi papá.

Pero regresamos del colegio y el cancel del baño está roto, estrellado, sin ninguna explicación. Otro día la puerta de un gabinete está arrancada, sus hinges colgando en el aire, y una vez en el pasillo hay un hueco nuevo en la pared. El tonto de Luis no sabe y pregunta:

—¿Qué pasó, mami?

Yo lo callo, y lo llevo por los hombros a la recámara.

A veces jugamos con mi papá, Monopoly o Chutes and Ladders, soltando los dados con cuidado de que no vuelan del tablero, yo queriendo que o él o Luis gane, y un día fuimos al parque con él a caminar, pero se empezó a sentir mal y tuvimos que regresar.

Saco buenas notas en la escuela, hago la tarea, trato de ayudar.

Mi mamá trabaja de secretaria en una oficina de dentista. Cuida los archivos médicos, contesta el teléfono, hace las citas. No se tiene que vestir de enfermera para ese trabajo, viste igual que la gente normal. Cuando mi papá estaba en Kabul venían sus compañeras de trabajo de vez en cuando a la casa, a merendar, a ver una película con nosotros, pero desde que regresó mi papá ya no lo hacen. Extraño a Beti, que es la más joven del consultorio. Un sábado mi mamá nos llevó al McDonald's y después de comer nuestro Happy Meal, nos quedamos un buen rato en el PlayPlace mientras Beti y ella tomaban un café. Seriecitas las dos. Al despedirse de nosotros Beti nos dio un abrazo especial.

Cuando se vino de Kabul mi papá todos los recuerdos de su servicio militar los puso en el ático, sus condecoraciones, las fotos, su uniforme de camuflaje beige, todos encerrados en una caja de cartón. Dijo que si fuera por él los botaba a la basura, pero mi madre dijo que tal vez después se arrepentiría.

Si ves mis lápices, los de la escuela, están todos mordidos. Si sientes el centro del colchón de la cama de Luis por la mañana, está casi siempre meado, calientito y húmedo. Desde que regresó mi papá no le permito a Luis que venga a la cama conmigo por la noche como lo hacía antes. Si no se meara, yo se lo permitía, pero yo no quiero apestar.

Mi mamá por la noche cuando estamos a punto de dormir viene con nosotros, allá en la oscuridad. Nos soba tantito la espalda, como le dijo el doctor que lo hiciera, para aliviar un poco la tensión. Para hacerlo usa el aceite de orégano que le regaló una comadre. El cuarto se llena de olor a pizza, un olor casero y confortante. Sus manos nos acarician, pero ella como que está ida, pensando en otra cosa. Desde la sala se escucha la voz morbosa de un locutor del History Channel, hablando de la mafia. La tele quedará prendida hasta la madrugada, mientras dormita mi papá, que necesita su ruido para no oír otras voces que por la noche lo llaman.

Ars Poetica

Salgo de mi recámara, la que comparto con mi hermana Adelfa, con el maquillaje sobre el buró, las mochilas en el piso, el colchón sin sábana porque las sábanas ahorita mismo están en la lavadora, dando vueltas con el agua y el jabón. Mi hermano Guille camina de manera desganada por la sala, una revista de futbol en la mano, dirigiéndose al baño. Busco un lugar en la cocina, sobre la mesa todavía mojada por el trapo que la limpió. Seco bien la superficie para no estropear el papel de rayas del cuaderno negro con espiral en el que apunto mis pensamientos. Por la ventana se ve el rosal que empieza a florecer, las ramas delgadas, alargadas en sus ganas de alcanzar el sol.

Y escribo. Mi entusiasmo no se apagará por tu cinismo, por tu deseo de que todos se agüiten como tú. Mis ojos captan la hoja amarilla que tiembla en la rama, mis ojos y no los tuyos. Y sí, desde el tiempo de Catulo hay amores que se pierden, amores que se ganan, la queja de los padres por la mala conducta de los hijos, pero no por eso deja de ser nuevo para mí.

Por eso te escribo, Mr. Irwin, aunque no entenderás esta carta, te la escribo. Aunque quizás sepas traducirlo por enseñar tú latín, no captarás nunca lo que te quiero decir. Tus ojos ya están velados, y no ven la verdad.

La cuchara menea los frijoles, mi mamá canturrea mientras limpia, los niños gritan en el jardín. Son las diez de la mañana de un sábado cualquiera para ti, un sábado de lo más importante para mí, porque ayer me acosté por primera vez con Julio.

Dulce su carne, suave su mirada, temblorosas sus manos, su bigote incipiente, su intención firme. Nos conocemos desde chicos y siempre lo he respetado. Fue ésta la culminación de toda nuestra infancia.

Y creerás que soy una tonta, una irresponsable, pero no sé si estará Julio el mes que venga, si sus padres no lo llevarán a otra parte. Y prefiero un recuerdo al vacío.

Tu cultura te enseña prever el futuro y evitar lo precario, pero todo para mí es precario: esta casa, el poder pagar la renta, la presencia de mis amigos, la vida de mis hermanos. No hay nada seguro.

Por qué tomé esa clase, no lo sé. Soy de las pocas hispanas, y de los pocos que no vienen de las colonias del norte, que no peligran cuando se desborda el río. Y mi playera guanga y mis pantalones chinos no hacen juego con la ropa de los demás, con sus binders finos y sus mochilas JanSport. An Introduction to Classical Literature, así se llama la clase, y es con textos traducidos y algunos incluso en latín y griego, y es difícil, una clase IB. Ahorita debo estar estudiando, el examen viene pronto.

Pero pienso que tal vez esa gente, la que escribió esos versos, las obras de teatro, los discursos, que quizás esa gente tenía incluso menos que yo. ¿Qué tanto poseían?, una jarra, quizá un catre, una choza hecha de barro, un par de sandalias, un vestimento. Entre ellos no tendría yo desventaja.

Pienso en Safo, en los versos de Safo, mis favoritos del curso, que tanto me hacen sentir. Y luego recuerdo tus ojos, tan grises como los de Atena y tan severos. Mirándonos desde el comienzo, comoquiera revelaban la duda que tanta disciplina disimula, como si por controlar algo, podrías tú decidir tu destino.

En los versos de los náhuatl, de los aztecas, textos que también son clásicos, siempre está presente la duda. *¿Acaso ahora con calma, y así ha de ser allá? ¿Acaso también hay calma allá donde están los sin cuerpo?*

Fueron ellos más sabios que tus griegos, permitieron cuestionar.

Al principio fui tímida y no hice observaciones, pero cuando caía el silencio y nadie más hablaba, me aventuré. Y vi en tus ojos la aprobación y una repentina, velada curiosidad. Pero te pregunto, ¿por qué no iba yo a saber las respuestas? Si estas culturas pertenecen tanto a mí como a ustedes, quizás más, siendo yo hispana, de cultura latina, no germánica ni anglosajona. Ya había aprendido yo a prestar atención a la experiencia pasada y ganar así algo de sabiduría, la sabiduría de los viejos, como mi abuela, que con su plática lenta y tranquila me enseña todo. Fui ganando confianza, fui sabiéndome capaz.

Mi mamá se para en la cocina, me mira impaciente, aquí también quiere trapear. Quito mis cosas de la mesa de la cocina, le ayudo a poner las sillas del desayunador en la sala. Busco un lugar en el jardín y lo hallo en una roca en el fondo, cerca de la barda de atrás. Esta carta no te la mandaré, Mr. Irwin. No se entendería, y tal vez intervendría la administración, temiendo que fuera signo de algún acoso. Te imagino en toda tu gloria, tu ropa estilo inglés, y la manera en que frotas los nudillos en tu antebrazo, cuando quieres intentar una broma, todo lo que eres, que parece indicar la autoridad de siglos, y que sin embargo es simplemente otra opción, otra manera de ser. No hay nada especial en ir por ese camino, por mucho que insistes.

Y sé que crees hacerme el bien al salpicar mis trabajos con tus puntos de exclamación, mostrando tu maravilla a que pueda yo entender lo sencillo. Pero sólo confirmas la baja opinión que tienes de mi capacidad. Te lo quiero decir para que no se lo hagas a otra persona a quien le gustan las letras, sobre todo si esa persona ya tiene años aguantando las bajas expectativas.

Catulo se acuesta después de la comida, y escribe a su amante pidiendo cita, su erección rompe la túnica que lo cubre. Safo bebe los jugos de su amante. Nezahualcóyotl, el gran poeta, rey de Texcoco, se emborracha con los amigos y canta versos que agradan a los dioses. ¿Acaso no son más cercanos a mi gente que a la tuya? A mí no me presentas nada nuevo, esa cultura la traigo en la sangre.

Dejo de escribir y miro las nubes. Desde el follaje sale el trino de un pájaro escondido. Podrían mis ojos estar viendo, mis oídos estar oyendo lo que escuchó, lo que vio Horacio. En unas semanas vendrán los exámenes finales y tratarán de poner número a mi conocimiento, como todos los gringos que cuantifican todo, incluso la poesía, incluso el saber. Bobos los gringos, de una cultura joven y cruda, que por la fuerza de las armas vencieron, por la suerte de la viruela y no por lo que traían adentro.

Los besos de Julio todavía endulzan mi boca, y en mi carne está impresa su cuerpo tibio y ligero.

Escucho a mi madre cantar:

—Si otro amante te procura…

La canción que canta es una décima, igual que las que cantaban por el río Tajo, en tiempos de Quevedo. Y aún dentro de esa tonada se escucha el lamento de una jarcha. Sin saberlo ella lleva una cultura de las más antiguas y la transmite a sus hijas.

Escucho cantar a mi madre. Por la ventana veo su figura mientras trapea la sala. Cierro el cuaderno, me levanto de mi lugar. Como la valiente Antígona, respetaré a mi familia, haré lo debido y le ayudaré con el quehacer.

Contigo aprendí

Hubo que limpiar el patio, pero barrerlo bien, y poner las sillas plegables que Carlos alquiló del Salón Anáhuac. Tere se encargó de inflar los globos, de colocar los listones y de extender los manteles y anclarlos con cinta escotch y con los floreros que se encontraron en el Dollar Store, cada uno con un clavel, la flor favorita de mamá. A mí me tocó preparar la carne adobada y los frijoles y a Clara hacer el arroz. La esposa de Carlos prometió encargarse de traer los refrescos, la cerveza, y el alcohol. En fin, estaba todo bajo control.

Los invitados no serían tantos, mucho menos que en la fiesta de sus bodas de oro, pues la canija de la Calaca ya se había llevado a los tres hermanos de mi papá y a la hermana menor de mi mamá, la tía Chela. Don Antonio llamó y dijo que le era imposible asistir, no lo permitía su salud. Pero entre los sobrinos y los primos que todavía viven a cincuenta millas de acá, logramos juntar un grupo de treinta.

Si no fuera por Tere, no habría tanto alboroto. ¿Para qué te metes?, pensé yo. Estábamos tan ocupados todos y ninguno de los dos de mis papás parecía tener interés en renovar sus votos.

—¿Ya pa qué? —decía mi mamá—. Ese viejo ya ni puede salir de la casa, ni modo que me fuera a poner los cuernos.

Y mi papá, con su sordera, no sabíamos si entendía de qué se trataba, pero la Tere se empeñó, como que, porque ella misma estaba batallando con su Pepe, quería reconfirmar lo sagrado del matrimonio.

Hubo que hablar a la iglesia, para hacer cita con el sacerdote, la misa sería a las seis. De ahí llegaríamos a la casa. Una vecina prometió cuidar la comida, no se fuera a enfriar. A mi mamá la vestimos con un traje de encaje color plateado con perlitas pegadas y una chaqueta del mismo material. Hermoso el traje, parecía una reina. A mi papá le mandamos planchar su traje gris, y con una camisa nueva, blanquísima, quedó arreglado. Clara lo afeitó, lo peinó y le puso loción. Le limpió las uñas, y Carlos le dio, para la ocasión, un nuevo bastón con puño de marfil. Qué orgullo verlos ante el altar, en las dos sillas que les acomodamos, con un lazo sobre sus hombros, agarraditos de la mano. A mí me salieron las lágrimas, y Tere llenó el recinto con su llanto de emoción. Algún bisnieto también soltó un berrido, y su mamá lo silenció dándole pecho discretamente.

El sacerdote les dio una última bendición y a correr nosotros como locos para llegar antes de los invitados. La vecina nos esperaba, incluso había empezado a calentar las tortillas. Puse el estéreo en el jardín, lo prendí y estuve lista para recibir a los festejados, pero de repente me di cuenta que nadie se había acordado de comprar platos y cubiertos desechables, ni siquiera servilletas. Entonces a llamar y textear a mi hija para que pasara por Walmart. Lo bueno que es ella súper acomedida y organizada, y rápido nos sacó del apuro.

En todo esto mis papis casi ni hablaban a nadie, dejándose acomodar como si fuesen muñecas, vestidos y arreglados por nosotros, sentados en su lugar, muy derechitos y sin moverse, y menos cruzaron palabras entre sí. No sé qué disgusto hayan tenido, ya sabes cómo son. Cuando éramos niños duraban días a veces sin hablarse uno al otro, pero jamás se traicionaron y nos dijeron por qué se habían molestado.

A la hora de la comida, mi papá refunfuñante se quejó de que la carne le lastimaba la dentadura, pero mi mamá ni caso le hizo y se puso más alegre, haciendo bromas, emanando felicidad, como siempre lo hacía cuando mi papá se amargaba, como si necesitara compensar por su falta de alegría.

La carne se acabó, los frijoles también. El arroz no, porque a

Clara le salió recocido y no gustó.

Fuimos partiendo el pastel de tres leches, repartiendo los trozos entre los invitados. Hubo uno que otro discurso de Carlos, de Tere, de Clara. Yo no quise hablar. Me da pavor.

En eso, gran sorpresa, llegó un trío, que había contratado Carlos sin decirnos nada. Tocaron canción tras canción, alegrando el ambiente. Mi mamá sentada en la mesa del mantel color rosa, abrazaba a Clara y le hablaba en voz baja. En eso comenzó el del requinto a cantar la canción de Los Panchos que por la noche escuchaban mis viejos, después de que nosotros nos acostáramos:

Contigo aprendí
que tu presencia no la cambio por ninguna.
Aprendí
que puede un beso ser más dulce y más profundo
que puedo irme mañana mismo de este mundo
las cosas buenas ya contigo las viví
y contigo aprendí
que yo nací el día que te conocí.

Al lado mío, mi papá con dificultad empujó su silla para atrás, buscó su bastón, lo halló, y se encaminó a la mesa donde estaba mi mamá. Estiró la mano hacia ella y esperó, y ella, sonriente, se levantó para bailar. En el espacio entre las mesas fueron dando giros lentos ellos, abrazados y tiernos. Y me sentí agradecida por la metiche de Tere.

La recluta

Saliendo del centro de salud, después de ponerse las vacunas. pasan en su guayín que tanta lata da por la calle de todos los restaurantes, la que queda cerca de la autopista. Neto está en el asiento de pasajero, los demás atrás. Lula sube la radio, esta canción le gusta.

Sobre la radio la vocecita de pito de Miguel se impone:

—McDonald's, mamá. Vamos. Tengo hambre.

—Hay frijoles en la casa.

En el semáforo cruza una pareja joven. La muchacha agarra el brazo del chavo, como para sostenerse sobre sus tacones; el muchacho, un poco pesado, camina con su playera blanca, sus pantalones guangos. Se ríen y platican y están muy contentos. A muchos de los hombres hispanos aquí les gusta traer el cabello al ras, como los sarchos de su pueblo en El Salvador. De dónde sacaron esa moda Lula no lo sabe. Ellos incluso a sus hijos los rapan. Niños de dos, tres años, con un corte de soldado. Lula prefiere el pelo largo y suave que se puede tocar. Les tiene prohibido a sus hijos cortarse el pelo. Por la noche a la hora de darles el beso de las buenas noches, les alisa el cabello, que se siente como plumas delicadas.

Con un bolígrafo y con los dedos de la otra mano Neto tamborilea sobre su rodilla al ritmo de la música. Su cabeza se mueve para adelante y para atrás, los ojos cerrados, el mentón levantado, los labios fruncidos. Desde el cuello de su camisa cuelgan unos lentes de sol.

Primero apareció en el buzón el paquete, lo que le extrañó a Lula, si ella nunca pide nada, pero luego vio que venía el paquete dirigido a Ernesto Obregón. Neto luego explicó que, por querer los lentes de sol que venían en el paquete, mandó el postal. Y luego empezó la propaganda a llegar y llegar, y empezaron las llamadas de teléfono, solícitas, amables de la oficina reclutadora.

El oficial que más llamaba le cayó bien a Neto. En la oficina hay una canasta de básquet de esas trasladables y si le atinas te regalan algo, incluso si vas todos los días. Por eso Neto va bien seguido. Llegaba a la casa con los folletos, las cadenas, los llaveros del US Army, hasta que Lula dijo:

—Ya estuvo, muchacho, basta de traer ese mugrero.

Deberían pasar por el súper. Pero está tan cansada. Se le acabó el pinol, pero hay cloro, con eso limpiará los baños.

—Si algo hace el ejército, es hacerte un hombre —así le dijo el mentado Major Torrance en una llamada que logró escuchar Lula. No entiende ella cómo Neto se deja engañar. No es el más listo de sus hijos, pero es listo.

—Y te dan dinero no más por firmar.

Eso no lo dice Neto a ella sino a su hermanito que lo escucha rapto en el asiento de atrás.

—Cállate, Neto —dice Lula—. Ya te he dicho que no le digas nada de eso a tu hermano.

También en la oficina de reclutamiento tienen una barra para hacer pull ups y Neto la usa diario. Veinte, veintiuno. Va aumentando el número de pull ups que puede hacer, y lo anuncia diario al llegar a casa.

—Ándale, mamá —dice Miguel—, no seas gacha. No más una hamburguesa cada quien. ¿A poco no nos aguantamos a la hora del piquete? Nadie lloró. Nos portamos bien.

Cuando llega Neto y bota sus cosas y hace el anuncio del número de pull ups que logró hacer, en la cocina su tía Vero, que siempre anda de visita, levanta su taza de café con las dos manos y le sonríe:

—Muy bien, Neto —le dice mientras su sobrino la saluda de

beso—. Te estás haciendo hombre.

Sebastián, el primo de Neto, ya firmó hace dos años y anda en Alemania, en Wiesbaden, aunque pronto irá a Iraq. A veces sospecha Lula que es por envidia que Vero le echa porras a Neto para que firme. Dice que por patriota, pero eso es mentira. En el Facebook del primo hay puras peladeces, pero Vero no usa Facebook y no lo sabe. Tan campante. Qué pena, andar bragging del hijo y el hijo un pervertido cabrón.

Si los de gobierno nunca lo pelaban a Neto antes, ¿ahora por qué sí? No le ayudaron cuando andaba bajo con su Reading y su Writing, pero ahora lo quieren. De cannon fodder, de carne de cañón. Les ha de saber insípido el taco, quieren carne picosa. Y pronto Neto va a cumplir los dieciocho años y podrá hacer lo que le dé la gana.

Se han ido alejando de la calle de los restaurantes, y Miguel se ve decepcionado y triste:

—Ay, mamá, tenemos meses que no comemos fuera.

—Tenemos frijoles. . . y arroz. Tenemos tortillas. No, tenemos comida en la casa. Y aparte no hay tiempo. Entro a las siete.

Suena el celular y es Fausto, que ahorita está en Chicago. Agachándose para que no la vean, contesta rápido y lo pone en speaker. Sin antes saludarlo, lo primero que le dice Lula:

—¿Cuándo vienes?

—Vengo cuando pueda. Ya lo sabes. Hace un frío del diablo aquí. Se me congelan los huevos.

—¿Y Tavo?

—Tavo ya se fue. No aguantó. Anda para Luisiana. De veras que hace frío.

—Tú lo quisiste, fraile Mostén.

—Tú te lo ten. Ya sé, ya sé. Me están pagando bien. Lo malo son los gastos.

La voz de Fausto se vuelve preocupada:

—¿Y ustedes allá?

—No te preocupes. Aquí aguantamos.

En un billboard está el anuncio de la lotería esa de Powerball, de un supuesto ganador con los brazos en alto y una sonrisa blanca, limpísima, y así piensa Lula que es lo del Army; se meten muchos, con la esperanza de ganar, sin saber cuál va a ser el resultado. Mejor es flip burgers a exponerse a eso. Claro, ya sabe uno lo que ganará en un Wendy's. No hay superwinner, pero tampoco hay tanto peligro.

Por la radio habla alguien del Congreso, de los gachos del Congreso, de las últimas pláticas sobre el piso. Una nota breve y luego la voz de Luis Miguel. Por supuesto que no hay Dream Act ni lo habrá, pero si te enlistas y quedas en el Army dos años te dan la residencia, y luego al salir, si quieres, puedes trabajar e ir a la universidad. Y además saber qué vas a hacer cuando salgas de la prepa. Para Neto sería un alivio.

Lula le ha dicho que prefiere que ande de vago a que se meta:

—No te quiero ver en un body bag.

—Ay, mamá, exageras, como siempre. El Major Torrance dice que las bajas son mínimas, menos del uno por ciento. Casi nadie muere, y pocos quedan lastimados.

—Con tu suerte, serias tú. No, te prefiero de vago. No vayas ahí. Te lo prohíbo.

Pero ahí está la barra para hacer pull ups, y Neto vuelve a regresar.

Hasta tiene presupuesto esos oficiales para invitarlos a comer. Cupones de Whataburger y de Popeye's les regalan. Cuotas tienen que cumplir. Si no las cumplen, los han de echar y luego quién sabe a dónde irán.

Es difícil competir con el gobierno.

Desde la secundaria empezaron. Fueron a la escuela, hubo incluso un assembly. Hablaron de las recompensas que dan si uno enlista. Tres uniformados ante un grupo de cientos de alumnos, y los profesores sin protestar, poniendo ellos orden mientras los oficiales daban su discurso.

Los que reclutan son atractivos, y hay muchachas que van a la oficina no más para verlos. Lo tienen todo estudiado. Tienen oficio. Están peor que los de Payday Loans. Te envuelven.

Lula mira el espejo del retrovisor; los ojos de Miguel, dulces y tiernos, ven hacia su hermano menor. Tal vez ésta sea la última vez que estén todos juntos y con Lula en su papel de fuerte, sin haber sufrido la inminente derrota.

Lula pone su luz intermitente. Se escucha el ping ping, que alegra a los del asiento de atrás:

—Bueno, está bien, no más esta vez. Vamos a Sonic.

De coco y de limón

Don Andrés, de piel cueruda, de caminata cuidadosa y lenta, en donde balancea su cuerpo de un lado a otro, carga una caja de hielo seco, la pone sobre la banqueta y se instala ahí, justo en frente de la casa de la esquina, la casa de su nuera en donde vive él. Sentado en una silla plegable de tela, con su radio transistor a un lado, despacio se agacha y gira los rodillos hasta encontrar la estación KXTN, Tejano and Proud.

Vende paletas estilo La Michoacana, que él mismo hace en su casa. Las tiene de agua y de leche, de coco, de fresa y de limón. Cuando destapa la hielera las paletas se ven adentro, cuadraditas, envueltas cada una en su bolsita de plástico, amontonadas, pero de una manera muy ordenada. Colores crema, rosa y amarillo, como rayas en un pastel. Los palitos de las paletas todos apuntan en una sola dirección.

—Don Andrés —le decimos—, ¿nos regala una paleta?

—¿Traen un quarter? Si no, no hay.

Diario pasamos a su lado, Carlota y yo, en nuestros patines, lo saludamos dando giros enfrente de su hielera. La banqueta es lo suficiente desigual para que nuestros patines hagan clic clic clic al pasar sobre las rayas, pero no nos impide patinar. Por esta parte de la ciudad no hay árboles cerca de la banqueta. Y a cada rato pasan peatones. Es un buen lugar donde vender, sobre todo los sábados cuando los niños no tienen más que hacer que andar entre una casa y otra, dando lata. Las paletas de don Andrés no cuestan mucho. Las hace delgaditas para cobrar menos.

Adentro de la casa está su nuera, Griselda, sacudiendo con un trapo, limpiando la jaula de los periquitos. Sale de vez en cuando al porche para espiar a don Andrés y saber que anda bien. Es puro pretexto, dice mi mamá, la venta que hace don Andrés, es nada más para salir de la casa y no aguantar a su nuera esa, que es gorda maciza y ruidosa y está enojada con todo mundo.

Si se lo pides a don Andrés te recita poemas de hace tiempo. Antes en su pueblo en Coahuila fue declamador. Ganó dos medallas en la escuela. Lo invitaban a recitar en todas las fiestas patrias. Recita uno de un león:

presentóse en la arena, sostenido
por dos esclavos; vacilante y trémulo.

Ése le gusta a Carlota y a mí me gusta uno de Agustina y el mar. Si pasa la policía, don Andrés tapa su caja con un mantel de cuadros y pone la radio encima. Cuando la policía se va, vuelve a abrir negocio.

Son tan engurruñados sus pies que parecen raíz de árbol, y sus dedos también. Lo veo yo como otra cosa, otra especie, como un animal de zoológico, y no como un ser humano. Mi papá huele a loción y mi mamá a perfume y crema Ponds, pero don Andrés tiene un olor a tierra mojada y a cenicero lleno y a como la madera seca del fondo de un cajón. En el bolsillo de su camisa bien planchada siempre trae un pañuelo doblado, y su sombrero de paja es impecable. Pero sus pies ya no aguantan los zapatos y usa chanclas de regadera para dejarlos descansar.

Por la tarde, cuando llegan los estorninos y llenan los postes y alambres de teléfono y la jacaranda que asombra la casa, gritando, volando, peleándose entre sí, don Andrés cuenta el dinero que ha ganado, lo vuelve a poner en su bolsillo, apaga la radio, y se alista para regresar a casa. Para cerrar su negocio necesita dar tres vueltas. Primero la radio, luego la silla, por fin la hielera se guarda. La hora cuando se retira don Andrés es cuando nosotras debemos irnos a nuestra casa, pues es la hora de cenar.

Impensable para mí que mi cuerpo se deshaga, que mis piernas me duelan, que no pueda yo correr. Mi cuerpo es cosa ligera, incansable y perfecta. Hace lo que le pido, sin batallar. Y para los que no lo tienen así no hay piedad. Nos asombra don Andrés, nos fascina. Intrigantes sus cejas canosas, el pelo en sus oídos, sus ojos brillantes entre tanta arruga, su caminata dolida.

Los dientes de don Andrés son amarillentos. El de mero enfrente a la derecha es un pico café. De vez en cuando saca su pañuelo y se limpia la boca.

Cuando doña Irma sale a regar sus plantas, no la saluda Andrés, ni lo saluda a don Andrés la señora Irma. Tienen años sin hablarse, pero mi mamá rehúsa explicarnos por qué. A veces mientras la señora Irma riega el césped don Andrés nos recita algún poema en especial y ella se retira, molesta, aludida.

Un sábado salimos de la casa y miramos hacia la esquina. Don Andrés no está. Ni está su hielera con las paletas, ni está su silla plegable. Tampoco se escucha la estación KXTN. Por la tarde nos dice mi mamá que nos pongamos los vestidos de domingo y los zapatos de charol. Nos peina con impaciencia, con prisa. Al hacer la raya, al hacernos trenzas nos lastima, pero quedamos muy bien. Salimos de la casa, mi mamá también en un vestido negro que rara vez se pone. Damos la vuelta a la esquina y nos encaminamos a la Funeraria Arredondo. Por la entrada y en el pasillo hay un montón de gente. Hacemos camino hasta un salón que tiene muchos arreglos de flores y un ataúd. Dentro de la caja, acostado sobre un cojín de satín blanco está don Andrés, pero callado y empequeñecido. Está muy peinado y sin su sombrero de paja. No se ven sus pies, y me pregunto si lleva chanclas o zapatos de verdad. A un lado del ataúd, en una silla especial está la nuera, quien sopla la nariz, atontada.

—Vamos, hijas —dice mi mamá y nos lleva a saludar a la nuera de don Andrés, cuya mejilla al recibir nuestro beso se siente fresca, húmeda y flácida. La mano de mi madre nos guía fuera del salón. Nos sentamos con los demás en las sillas a la derecha. Se escuchan los rezos, el clic clic de las cuentas de los rosarios. Entre las señoras está una doña Irma llorosa.

Miro mis piernas, rectitas, perfectas. Miro mis manos con su piel lisa. La gente grande se muere. Ya lo sabemos. Increíble que en esa esquina paletas ya no habrá.

Always Be Closing

La cosa es que es tan fácil, tan fácil que da pena. Lo difícil es no hacer lo fácil, no sucumbir a la tentación.

Por la tarde los viernes uno puede llegar al gran hotel que queda entre el trabajo y la casa. Uno puede estacionar su carro, entrar a la recepción, pasar al bar y pedir un pisco sour, un Crown Royal con coca. Puede uno tomar la copa despacio y esperar. No tardará en llegar alguna señora con los ojos llorosos, alguna jovencita alegre y despreocupada. Tiene Fer un hoyuelo en el mentón, el cuerpo adecuado, los gestos ya aprendidos para pronto conquistar. Presas más fáciles no hay en ningún lado. Ni siquiera en el lote de carros. Al marcar el direccional al pasar por el hotel Fer ya sabe que sucumbió.

Es tan fácil. Porque a eso vienen estas señoras. Uno no es el motivo, el motivo es otro, el hartazgo de una semana indigna, el coraje de un esposo sinvergüenza. No, uno no es el motivo, pero los beneficios sí son de uno.

Always be closing. Ese dicho recocido que comoquiera pronuncia su jefe a cada rato, aquí también viene al cuento. Porque Fernando es vendedor y buen vendedor, la psicología ya la tienen estudiada. Que digan los posibles clientes sí tres veces, que se acostumbren al sí, y lo dirán de nuevo cuando cuenta, pero en la mayoría de los casos estas chicas vienen ya con el sí en los labios.

En la casa es la hora de cenar y los muchachos alrededor de la mesa comen desganados su arroz, sus frijoles, el pedazo de carne asada. Jimena corre entre la mesa y el comal. Atendiendo. Ya sabe que Fer llegará tarde. Ya ni lo espera.

Tonta no es, por lista se hace tonta. No pregunta ni preguntará a qué dedica tantas horas por la noche.

En la tele en la esquina del bar, Los Spurs siguen ganando. Acaba de apuntar Tony Parker, y los clientes, si no celebran, es porque ya es lo esperado. Igual Fer, al bajar una cremallera, al agarrar las nalgas de una chava, no siente ni un pizco de alegría. El hielo hace clic contra el vidrio al bajar su copa a la superficie del bar.

Aquí no cobran caro el alcohol. Y casi siempre la señora, o la señorita, ya tiene habitación. Fernando trae efectivo, no deja evidencia. Hay quienes quieren retrasar el asentimiento, disfrutar un poco la seducción, otras, casi como si no tuvieran tiempo, tan eficaces son, quieren que la cogida no altere su schedule. Tal vez también las esperan en casa.

Peter, el barman, ya lo conoce. Sabe que no le gusta platicar. Desliza un platito de cacahuates hacia Fernando y espera su pedido. Esta vez lo quiere cambiar tantito. ¿Qué será bueno? Las botellas y sus reflejos en el espejo brillan y seducen. Pide un vodka martini con un cebollín y dos aceitunas.

Que no sólo sabe bien, frío y fuerte, sino que le da a Fer un aire de distinción. Y algo de qué hablar, pues muchas veces ya con eso, con pedir una bebida inusitada, hay un pretexto para abrir plática para la muchacha que le pregunta qué toma. Y el vodka tiene la ventaja de no dejar olor.

Aunque casi ni pregunta Jimena ya, cuando llega tarde del trabajo Fer, Jimena no da voz a sus sospechas. Y cómo lo va a hacer. Tienen tres hijos, y Jimena no podría mantenerlos. Es mucho arriesgar hacer preguntas.

Esta semana Fernando vendió tres coches, uno de lujo. Fue buena semana, hay motivo para celebrar. Y todavía no empieza la estación buena, la de julio, agosto y septiembre, cuando llegan los padres a buscar algo para sus hijos que se van. Fer ha aprendido a calcular a la hora de llegar los clientes el modelo que se van a llevar.

Si llega solo primero el hombre, si llega acompañado de la esposa, de los hijos, ya todo es seña reveladora. Las banderitas que se mueven en el aire arriba del lote parecen burlarse de él, el hombre de plástico inflable que baila en la esquina también es burla. Estás atrapado, estás atrapado, su mismo éxito lo ha atrapado, jamás se irá de aquí. Pero cómo renunciar al trabajo cuando es tan fácil: no aparentar interés, dejar que el cliente camine por el lote, hacerse el desentendido, con eso inspira confianza y cierra el trato.

Igual, con las mujeres, mientras menos caso les hace, más le caen.

Siguen los Spurs y aparte una musiquita le llega del lobby, una canción vieja de Sting, triste, aguado, sentimental.

Hay quien se pone contenta después del ligue, hay quien se pone sentimental, hasta una lloró una vez, arrepentida por lo que había hecho, pero la mayoría se viste, se mira en el espejo con ojos fríos y calculadores, pragmática al fin. Se van, dejando a veces un número al que Fer jamás llamará. Entonces él se baña, se viste, se asegura de no dejar nada behind, y se va. Regresa a su casa y a Jimena, que ya no le pide más que el dinero para los gastos, para el alquiler.

La canción termina y empieza otra.

A la derecha entrando está Hortensia, amiga de Jimena. Trae unas arracadas y un vestido de flores, tacones altos, las piernas desnudas, los labios pintados un color casi púrpura.

—Fer, ¿qué haces aquí? —Hortensia le da un beso de saludo. Se para cerca de él, incierta, sin tomar asiento hasta que Fernando le señala la banca a su lado.

—Celebrando una venta, se acaban de ir mis compañeros. ¿Y tú?

Hortensia desvía la mirada. Saca su teléfono celular, mira la pantalla, la acaricia con un dedo y los textos van deslizándose hacia arriba:

—Quedé con una amiga, no tarda en llegar.

—Mientras tanto te invito una copa. ¿Qué tomas?

El barman se acerca, Hortensia se inclina hacia él, sus labios fruncidos.

—A frozen margarita, lots of salt.

Hortensia es de ésas, chaparritas, macizas, perpetuamente enojadas que por debajo esconden gran fogosidad. Su pelo chino suelto le llega a la cadera.

Comienzan a platicar, de tonterías, de la prepa. Desde su banca en el bar Fer puede ver la recepción, ver quién llega, ver quién se va. El piso de mármol es tan brilloso que por su reflejo de lejos parece un estanque quieto. Ofrece otra copa a Hortensia, y ella dice:

—Bueno, sí, pero sólo si tú te tomas otra también.

Al lado de su copa ahora hay ocho palitos:

—¿Te acuerdas del profe Green?

—Sí —dice ella—. Sí.

—¿Y de la vez que todos se fueron de pinta, casi toda la clase de los seniors?

—Sí, claro que me acuerdo. Fuiste tú de los líderes, me acuerdo bien.

Ese tipo de recuerdos no han intercambiado desde que salieron de la escuela. En aquel entonces Hortensia siempre fue la novia de uno u otro de sus amigos, y Fernando siempre con Jimena, pero luego Hortensia le hizo caso a Donny, empezaron a salir y ya casi no supo de ella.

Aunque seguía la amistad con Jimena, Hortensia se juntaba con otro grupo.

Luego, con los años empezó Hortensia a frecuentar la casa, a llegar a tomar un café, a convivir con Jimena, y algunos fines de semana los cuatro salían juntos. Donny era buen hombre, un poco aburrido, pero a Jimena le caía tan bien Hortensia. Como no tuvo niños Hortensia tenía más tiempo que las otras amigas, incluso más que sus hermanas, y se hizo como una tía más para sus hijos.

En el antebrazo de Hortensia, muy cerca de la muñeca, hay un tatuaje de un pequeño tulipán. Si Hortensia le dice algo a Jimena, todo se dificultará. Hortensia cruza y descruza las piernas. Sus chamorros, pequeños y firmes, mueven de un lado a otro y Fer disimuladamente los observa. Parecen buenos para un mordisco. Hay manera de asegurar su silencio.

Con un dedo acaricia la servilleta bajo la copa de Hortensia. Mueve la copa hacia él, la levanta y se toma un trago. La sal del borde de la capa le queda en los labios, cristales duritos que raspan y que excitan.

—Dime ahora, Hortensia, ahora que andamos en confianza. ¿Qué haces aquí? ¿Qué buscas?

Hortensia baja la copa sin mirar a Fer.

—No llega tu amiga. Y dejaste de mirar tu móvil hace veinte minutos. No hay amiga, viniste a algo más.

Hortensia vuelve a tomar un trago y, cuidadosa, se limpia la boca.

—¿Me viniste a espiar? ¿Le dirás algo a Jimena?

Hortensia descansa su mentón sobre un puño cerrado, le sonríe burlona.

—No, Jimena no te diría nada —sigue Fer—. ¿Y yo a tu esposo, a Don qué le digo?

Hortensia pone un brazo sobre el hombro de Fer, el peso mismo una caricia y una invitación. Acerca sus labios púrpuras al rostro de su amigo; el aliento le huele a tequila y a limón:

—You can tell him to go fuck himself.

Ya en la habitación de hotel, mientras Fernando le desabrocha el sostén y le empuja el pelo para atrás para descubrir su cuello, mientras suavecito le mordisquea el lóbulo de la oreja, los hombros, los pechos, piensa que fue tan fácil convencerla que quizá Hortensia llegó al bar con el sí en los labios.

El tazón para ponche

Normalinda, pelirroja, de ojos verdes, alta, más alta que sus compañeros, de cuerpo largo y estirado, camina por el pasillo del colegio. Delante de ella Armando, a escondidas, muestra a Paco algo en la mano, algo prohibido, seguro es.

Miss Grayson va delante, sus pasos lentos e inseguros. Está tan grande ya que mucho se le escapa. Por eso es en su clase que hay pellizcos y golpes, y que los cuates Torres hicieron su venganza contra Nelly, pues esa vieja ni se da cuenta, y aunque se diera cuenta, por temor a un problema con la administración, jamás lo reportaría. Fernanda le pasa una nota a Normalinda, con letra de tinta violeta: ¿Vas esta noche al VFW? Hay baile.

En el VFW hay un punch bowl en el cuarto de tiliches, bonito, de cristal, pero de colores, algo que casi parece ruso, ese tazón. La mamá de Rowena lo baja de su estante alto; con un dedo siente su superficie, que encuentra polvosa, y lo lava con cuidado. Ya puesto el tazón en una mesa larga cubierta con un mantel, van haciendo el ponche; dos botellas de Mountain Dew vertidas sobre el cubo de nieve sabor naranja. El brebaje hace espuma, y Normalinda lo menea con el cucharón de cristal. Pronto llegarán los invitados. Se escuchan los cuates, que escogen entre tracs las canciones que quieren oír. El espacio es pequeño y para decorarlo bastaron dos paquetes de papel crepé y una bolsa de globos blancos.

Gerardo corre de un lado a otro en el salón, descalzo, pero con calcetines. Corre y deja de correr para deslizarse unos metros, disfrutando lo resbaloso del piso. Es chico él para asistir a un baile, inmaduro a pesar de sus doce años, pero su mamá insistió que la acompañara a Normalinda.

Aunque nadie querrá bailar con ella, tan alta es, más alta que todos, incluso los muchachos, y su piel amarilla no atrae. Tan flaca que es puro codo y rodilla, sus huesos afilados, su boca grande. Escucha la música, ve a las parejas bailar, acomoda y reacomoda las servilletas, a qué vino no sabe, para darle gusto a Fernanda, quizás.

Estos bailes los hacen para ocupar a los jóvenes, para que no se metan en problemas, pero también quizás los generan. En el callejón de atrás suceden cosas, y al salir de la casa muchos no regresan cuando deben. Hay una fila de muchachos contra la pared, sus rostros iluminados por sus teléfonos celulares. Dos padres de familia están cerca de la puerta, vigilando.

El tazón para el ponche está formado de cristales de muchos colores que por su contorno parecen escamas de pez. Alrededor de su base hay un aro de metal color oro finamente trabajado. Parece de hechura rusa el tazón, robado de un palacio, en donde se usaba en grandes fiestas en donde princesas rusas bailaban vals y los nobles se cortejaban.

Como de costumbre, un policía entra y da una vuelta. Su mano sobre la pistola, los mira uno por uno. Detrás de él chocan entre sí sus mancuernas. Se quedan quietos todos, esperando que se vaya, pero tan pronto se desvanece se escucha un abucheo bajo crecer.

Qué tontos piensa Normalinda, y tiene razón, porque el abucheo se oyó, y el policía regresa. Otra vez da vuelta, sus cejas muy juntas, su cara muy cerca de las caras de los demás. Esta vez nadie emite sonido; todos mantienen los ojos con cuidado, la boca muy cerrada. Cuando se va el policía, siguen respetuosos.

Si Normalinda cuida el ponche, nadie se dará cuenta de que no baila, que no hay quién la saque a bailar. Cuando regresa inventará parejas para la tía Sara, quien siempre pregunta y quiere detalle. Inventará un muchacho que viene de Buda, guapo, de dientes blancos, con el pelo peinado para atrás, con copetón. Los zapatos del muchacho serán boleados, y su camisa bien planchada. Bailarán tres veces, pero, antes de que pueda el muchacho hacer su declaración, Normalinda tendrá que irse.

—Qué bonito —dice la tía Sara, escuchando a Normalinda, cuidando su té de tila con las dos manos—. Qué bonito es ser joven.

Normalinda se ríe, pensando en la puerta de Mystery Date, ese juego que su mamá tenía guardado en un clóset y que jugaban mucho de niños, y en la imagen que aparecía a veces en la puerta y que usó para inventar su historia, el muchacho de smoking con la corbata de moño, en sus manos una caja de chocolates, en sus ojos el amor.

Luego Normalinda va al baño y abre el jarro azul de Noxzema. Unta la crema sobre su cara, y el olor a eucalipto y mentol la calma. Dice la tía Sara que es todo lo que usa y que por eso tiene la piel que tiene, a pesar de sus años, que quita las espinillas y blanquea el cutis. Normalinda se ve en el espejo, parece un fantasma. Espera un rato mientras la crema hace su efecto, y luego enjuaga la cara con agua tibia y se seca con una toalla.

Por las tardes entre semana Normalinda cuida a la tía Sara, que ya casi ni ve. Le da sus medicinas, la saca al porche para que sienta el fresco. Con Gerardo no cuentan, ni con Perla, que tiene que trabajar. En su compu Normalinda lee artículos de feminismo y los twits de las hermanas Kardashian y de Ariana Grande. Y el domingo por la mañana, después de asistir a misa con toda la familia, va con Fernanda al VFW, al callejón que está atrás, y encuentran con quién coger.

Biography / Biografía

REBECCA BOWMAN was born in Los Angeles but lived for many years in Mexico. She has won grants from CONACULTA and the State Council for the Arts and Culture of Tamaulipas and was awarded the Juan B. Tijerina State Prize for Short Story, the State Prize for Short Story ISSSTE and the Manuel Acuña International Playwriting Prize. Her books include *Los ciclos íntimos, La vida paralela, Horas de visita, Unfinished Business and Other Stories*, and *Portentos de otros años*. She co-created *Ink Reactions/Reacciones en tinta* with Veronique Hahn. Her short stories and poetry have been anthologized and her plays have been staged many times. She also paints and writes children's literature.

REBECCA BOWMAN nació en Los Ángeles; radicó durante muchos años en Ciudad Victoria, Tamaulipas. Fue becaria del CONACULTA y del Consejo Estatal para la Cultura y las Artes de Tamaulipas. Obtuvo el Premio Estatal Juan B. Tijerina en cuento, el Premio Estatal de Cuento del ISSSTE, y el Premio Internacional de Dramaturgia Manuel Acuña. Ha publicado varios libros incluyendo *Los ciclos íntimos, La vida paralela, Horas de visita, Unfinished Business and Other Stories* y *Portentos de otros años*. Sus cuentos se han incluido en antologías y sus obras de teatro se han puesto en escena varias veces. También pinta y escribe poesía y literatura infantil.

INDICE

www.ingramcontent.com/pod-product-compliance
Lightning Source LLC
Chambersburg PA
CBHW071828190726
48292CB00005B/1663

* 9 7 8 1 9 5 3 4 4 7 7 9 1 *